管理会计的创新和应用研究

蒙 圻 著

北京工业大学出版社

图书在版编目（CIP）数据

管理会计的创新和应用研究 / 蒙圻著 . — 北京 ：
北京工业大学出版社，2020.4（2021.8 重印）
　　ISBN 978-7-5639-7379-8

　　Ⅰ．①管…　Ⅱ．①蒙…　Ⅲ．①管理会计－研究　Ⅳ．
① F234.3

中国版本图书馆 CIP 数据核字（2020）第 076611 号

管理会计的创新和应用研究
GUANLI KUAIJI DE CHUANGXIN HE YINGYONG YANJIU

著　　者： 蒙　圻
责任编辑： 刘连景
封面设计： 点墨轩阁
出版发行： 北京工业大学出版社
　　　　　　（北京市朝阳区平乐园 100 号　邮编：100124）
　　　　　　010-67391722（传真）　　bgdcbs@sina.com
经销单位： 全国各地新华书店
承印单位： 三河市明华印务有限公司
开　　本： 710 毫米 ×1000 毫米　1/16
印　　张： 10
字　　数： 200 千字
版　　次： 2020 年 4 月第 1 版
印　　次： 2021 年 8 月第 2 次印刷
标准书号： ISBN 978-7-5639-7379-8
定　　价： 52.00 元

前　言

　　财政部 2014 年发布的《关于全面推进管理会计体系建设的指导意见》对管理会计进行了定义，即管理会计是会计的重要分支，主要服务于单位（包括企业和行政事业单位，下同）内部管理需要，是通过利用相关信息，有机融合财务与业务活动，在单位规划、决策、控制和评价等方面发挥重要作用的管理活动。

　　在新时代的背景下，财会部门是企事业单位组织架构中重要的部分之一。企事业单位的发展面临巨大的机遇和挑战，部分企事业单位对管理会计体系进行了创新，制定了适应时代发展的管理会计体系。企事业单位要克服诸多困难，采取有效的管理会计的创新手段是至关重要的。随着经济的发展，行业间的竞争日益激烈，会计成为企事业单位中不可缺少的职业，发挥着重要的作用。

　　随着互联网时代的来临，信息技术普及到各个领域中，依靠信息技术带来的便利，企事业单位管理体系均进行着相应变革和创新。但目前，在我国部分企事业单位中，由于信息技术专业能力不足，或者企事业单位管理者对信息技术管理会计重视度欠缺，均为企事业单位的会计管理工作带来了挑战。部分企事业单位在信息技术管理会计方面，缺乏专业人才，企事业单位原有的会计管理者信息技术的理论知识以及实践能力相对较弱，企事业单位也并未聘请专业技术人才。同时，企事业单位在信息技术为自身发展带来的价值方面缺少认知，致使其在管理会计中应用信息技术较少。

　　企事业单位在设计制定管理会计体系和制度时，没有依据自身的发展前景和实际需求，致使其在实际管理会计工作中，管理方式无法发挥较好的管理效果。近年来，我国多数企事业单位在拟定管理会计制度时，对财会部门员工的建议缺乏重视，只是让各部门管理者通过会议拟定相关管理方式。因此，在实际实施过程中，管理会计制度呈现多种问题，导致管理会计逐渐脱离企事业单位实际发展需求。企事业单位管理者对会计管理手段以及管理问题之间的联系缺乏正确认识，针对财会部门的管理没有精细化，管理内容及方式缺乏科学性，进一步导致了企业的管理方式与实际发展需求脱节。

本书主要内容包括对管理会计的概述,简要介绍了管理会计的现状,阐述了管理会计的变革方式与创新方法,希望以此促进我国管理会计水平的提高,并提高企事业单位自身的竞争力。

目　录

第一章　管理会计概述

第一节　管理会计的发展

目前，我国的经济发展已经进入新常态，各大企业也已经迎来了新的变化趋势，管理会计服务于企业内部管理的主要职能当然也要面对各种新的挑战。管理会计不仅能够提高企业的财务管理水平，还能够大大增加企业的经济利益，使得各大企业的市场竞争力得到稳步提高。伴随着新形势的发展和市场经济的不断繁荣，加大对管理会计发展趋势的探究具有非凡的意义。本节主要通过对我国管理会计的应用现状进行简单的阐述，深入分析管理会计发展新趋势，并且提出一些能够加速管理会计在我国发展的有效措施。

管理会计是传统的财务会计和企业管理相融合的产物，是企业利用与其自身发展相符合的会计处理办法构建的绩效评估体系。管理会计可以针对企业在某一个经营周期范围内的全部销售、投资等进行分析和考核，所得出的分析结果可以作为企业经营的依据。因此，管理会计也被称为内部会计。管理会计的特点有很多，一方面其具有专用性，是某一时期的特定产物；另一方面管理会计需要根据时代的发展进行创新和发展，因此也具有很强的时代性。

一、我国管理会计在应用中存在的问题

（一）管理会计意识淡薄

管理会计的概念在 20 世纪 70 年代已经传入了中国，但是从其发展趋势来看，目前依旧有很多企业轻视管理会计的重要性，管理会计在我国的发展仍然要面对很多挑战。其发展现状主要是企业内部的管理会计体系不够完善，各种不相关的职务相互分离，重要岗位的轮班制度和监督检查制度存在缺陷，并且各大企业内部也没有按照管理会计的制度要求进行控制风险管理的工作。

（二）管理会计人员素质低

与传统会计比较而言，现阶段高速发展的管理会计对相关人员提出了更加严格的要求。管理会计人员不仅需要熟悉传统会计的各种实务操作和理论概述，还需要精通企业发展战略的制定，并且熟知财务管理的相关内容，最重要的是管理会计需要熟练应用多种财务软件。就目前的发展情况来看，我国各大企业的管理会计人员需要在很多方面提高自身素质，需要努力跟上时代的发展步伐，坚持弘扬管理会计的精神。

（三）管理会计应用范围狭窄

当前，我国各大企业中并没有合理的内部管理会计的相关制度，政府也没有对管理会计提出一些明文规定。现有的各种与管理会计相关的理论都是由外国文献翻译过来的，而外国文献的内容几乎都是根据本国自身的发展情况来写的，并不能很好地直接应用到中国的经济市场中。很多学者忽略了这些要点，使得管理会计的各种理论在中国的实际市场应用中范围非常狭窄，并且在工作中缺少执行和监督的力度，这使得管理会计的发展受到了很大的阻力。

二、我国管理会计的发展方向

（一）成本计量的多元化与成本概念的多维性

目前我国的经济体制改革不断深入，各种市场机制也在逐渐完善，各大企业已经成为独立的经营实体。企业在各种成本考核、成本计算等方面也面临着巨大的挑战，企业的成本目标已经发展为集决策、计划、考核、分析为一体的多元机制。预计成本为满足各种预测、决策等成本管理的要求又划分为边际成本、差量成本、机会成本等。不仅如此，成本管理还需要建立切实可行的计划成本、目标成本、标准成本等成本的计量规范，同时要求成本计量能够获得国内外各种相关企业的成本资料对比表。由此看出，管理成本多元化的发展趋势推动着管理会计朝着更广阔的外延大踏步前进。

（二）作业成本法将成为企业应用主流

作业成本法已经初步形成理论，但是并没有一个明确的体系，在市场中也仅仅被少数制造业企业使用。实际上，作业成本法在非制造业中的应用前景也非常广阔，比如卫生医疗、金融、商业等领域。在现代的经济发展趋势下，我国有很多企业都是采取小批次、多种类的方式生产。以这些企业为核心，不断提高企业的自动化水平以及管理会计人员的综合素质，使管理会计市场不断成熟，最终形成一个统一的管理会计的算法。这不仅能够为全国各大企业提供相对可靠的成本信息，最重要的是能够大规模促进我国经济发展。由此看来，作业成本法将会成为未来管理会计的核心。

（三）管理会计朝着人本、智本管理的方向发展

传统的会计管理更加注重物本管理，从当前的发展来看，从物本管理跨越到人本、智本管理是现代管理会计的发展趋势之一。"以人为本"是我国经济发展的根本原则，全国各大企业已经从原始的经营模式转化为开始重视人本、智本管理的经验模式。这不仅能够有效提高企业的经济效益，最重要的是能够推动社会的发展。在经济高速发展的大背景下可以看出，只有充分发挥智能化各种潜在的作用，物的潜质才能充分展现。因此，管理会计需要从"物本管理"转移到"人本管理"，并且向着"智本管理"方向逐渐发展。

（四）管理会计要加大战略管理和风险控制的力度

我国企业的竞争环境正在悄悄转变，无论从经营模式、全球化战略还是技术上都面临着许多新的机遇和挑战。因此，在严峻的跨行业和全球竞争环境巨变的压力之下，企业的战略选择非常重要。为了能够让企业在日新月异的变化中平稳发展，管理会计就要在战略选择上赋予更多的精力。管理会计不仅是企业的战略信息的供给者，还要在紧要关头为企业制定出良好的决策帮助企业面对挑战，以使企业面临的风险降到最低，使企业获得最大的收益。

（五）管理会计需要从硬资产管理过渡到软资产管理

21世纪是一个知识经济的时代，我国的各大企业在创造社会价值的过程中，已经将知识经济上升到一个不可或缺的位置。货币、地产、股票已经不再成为最重要的资产内容。21世纪各大企业最需要的是能够创造产值的人才，有了人才这种软资产，企业的运营和发展才能够得到保障，并且能够在未来的企业竞争中具有强大的竞争力。由此看来，未来企业要创造更大的价值，就必须进行从硬资产到软资产的过渡。

三、促进我国管理会计发展的建议

（一）增强管理会计理念，完善内部控制机制

首先，企业需要转变传统的管理形式，要充分认识到管理会计在提高企业管理水平中的重要性，要不断提高企业对管理会计的重视程度，将管理会计的理念树立在每个财务人员的心中。其次，企业需要完善管理会计的内部控制机

制，坚持管理会计内部重要岗位的轮流值班监督的制度，并且需要设立合理的奖惩机制，促使财务管理人员高效保质地完成任务。最后，企业要认真分析当前的组织结构和内部机制设置的合理性，将管理会计工作中遇到的困难及时解决，为企业管理会计工作的顺利进行保驾护航。

（二）优化企业内部环境，提高会计人员素质

首先，企业可以定期举行管理会计理论和实际操作的培训，鼓励管理会计人员参加会计相关的资格考试，对新的财务人员的知识系统进行更新，不断提高财务人员的素质。按照"人才带动，整体推进"的要求，重点培养具有发展潜质的管理会计人员，并且积极探索更加广泛的人才培养模式，加大管理会计人才在国际间的交流。其次，企业可以提供优厚的薪资待遇和切实的保障措施，提高管理会计相关工作人员的准入门槛，建立健全管理会计相关的退出机制，不断为企业引入更加优秀的财务管理人员。最后，企业还需要加大对财务人员的职业道德培养，将财务人员舞弊的苗头扼杀在摇篮里。最重要的是优化管理会计工作的内部环境，升级各种会计电算化的软件和设备，加大财务人员学习软件的力度，提高管理会计工作人员的工作效率。

（三）成立专门的管理会计师协会

一些发达国家已经成立了专门的管理会计师协会，这使得国外企业在运行中收益颇丰。并且，国外的管理会计已经形成了一个相对稳定的体系。和外国成熟的管理会计体系相比，我国的管理会计体系相对不稳定，在体制中还存在很多缺陷。因此，我国相关部门需要根据本国的实际情况，在借鉴国外的管理会计体系经验之上，成立一个管理会计师协会。这个协会一旦成立，将会在推动我国管理会计发展的路上不断前进，并且能够有效规范和提高管理会计师的职业道德，约束管理会计师的行为。

当今社会，经济形势越来越严峻，尽可能发挥管理会计在企业中的作用，促进管理会计的稳步发展是企业领导层和财务人员共同关注的话题。虽然管理会计目前还存在着观念不强、内部控制制度不严谨、财务人员综合素质较低等多种问题，但是其发展前景还是非常光明的。从物的管理上升到智的管理，从单一化朝着多元化的方向发展，种种的进步都在展示着管理会计的强大竞争力。因此，针对我国管理会计的现状，我们需要积极改进，扬长避短，在脚踏实地实践的同时，还要进行未来发展的规划。管理会计的发展需要我国各级政府部门和企业单位共同努力，只有共同推进，我国的管理会计工作才能够不断壮大。

第二节　管理会计的职能

　　企业的管理者应在充分认识管理会计职能重要性的基础上，立足于企业实际发展情况，采取有效措施使管理会计充分发挥其在企业中的职能，创新管理会计的制度与方法。

一、管理会计的职能阐述

　　管理会计的职能主要有两方面，分别是预测职能与控制职能。预测职能指管理会计从业人员依据企业历史财务数据及现有的市场资料，结合相关定量模型或是定性的分析方法，对企业未来一定时间内的财务发展状况进行预测。目前管理会计的预测职能主要用于预测企业项目的资金需求、销售情况和成本利润等方面。管理会计预测职能的发挥可以助力企业对未来的经营情况和企业收益情况有一定程度的掌握，从而为企业做出营销或是拓展业务方面的战略决策提供有力的参考和借鉴。管理会计的另一项职能是控制职能，该职能是指企业相关部门的工作人员需要明确自身的工作职责，合理实施企业的经营策略，在数据监测与数据同步更新方面做好充分工作，根据企业的实际情况调整包括财力、物力、人力等在内的企业资源，使企业的经营活动沿着既定的轨道进行，避免企业出现经营方面的失误，减少企业的经济损失。

二、管理会计职能对于企业的作用

　　充分而合理地发挥管理会计的职能作用对于企业稳定运营和发展具有极为重要的意义，当前形势下管理会计已经在企业中占据了十分显著的地位，管理会计职能对企业的影响具体体现在如下几方面。

　　第一，管理会计不同于通常的财务会计，相关从业人员必须具备更高的素质才可以做好管理会计的相关工作。这对于管理会计从业人员的理论知识与实践技能方面都有着较高的要求。管理会计从业人员在掌握常规的会计基本理论之外，还需要熟练应用计算机技术、统计学、运筹学等相关知识，在日常的具体工作中需要采用多元化的知识体系与技能处理好企业的财务工作。企业的经济活动是极为复杂的，并且随着市场形势的变化会有很大的不稳定性及可变性。这就要求管理会计从业人员具有化复杂为简洁的能力，以清晰的数据资料呈现企业当前的经济发展状况，并对企业长期的发展做出预测，使企业能抓住未来发展机遇，并对风险进行有效的预防和规避。

第二，管理会计职能作用的发挥有助于企业明确自身发展方向，促使企业完善自身的战略构想，帮助企业提升核心竞争力，从而在同行业的激烈竞争中占据一席之地。

第三，管理会计人员工作的开展是基于企业的宏观发展策略，因而与一般的财务会计工作人员有着本质上的不同。管理会计人员由于接触到关乎企业发展大局的关键信息，因而相比一般的财务会计工作人员更加清楚地了解企业的发展状况，并且可以对企业的运营起到一定的干预作用，对于企业内部其他部门开展工作也可以提出自己的看法。

三、更好地发挥管理会计职能作用的建议

（一）体现管理会计的经济价值

管理会计是企业内部十分重要的职位，管理会计职能作用的发挥不能基于以往的片面认识，而应该结合企业的发展战略，拓宽管理会计的职能范围，重新定位其功能，使管理会计成为服务于企业发展大局的重要工具。在具体实施过程中，首先要完善企业自身的价值创造体系，使企业从低端产出向着更高端的生产链发展。此外，利用管理会计的预测职能，对市场环境进行充分把握，对企业需要淘汰的过剩产能或是需要增加的新产品、新项目的投资进行有效决策，从而真正将管理会计应用于企业价值创造中。

（二）深化管理会计对企业的内部控制功能

管理会计对于企业的控制功能最初仅仅体现在核算企业的成本方面。随着市场经济改革的不断深入，管理会计的控制功能除了出现在常规会计部门所涉及的领域之外还体现在更多方面。例如，对企业的供应源头与生产过程进行优化，在企业内部做好人员安排与任务分配，合理评估企业内部各部门的工作绩效等。管理会计的控制职能应抛弃以往单一成本控制的片面做法，需要从成本和收益两个大方向进行企业内部控制，使企业在严格控制生产经营成本的同时，根据企业自身需要，创新管理会计的控制行为。例如，鼓励管理会计工作人员在企业人事管理中发挥作用，使企业的绩效评估更加完备，并使企业的人才管理更加规范。

（三）借助信息技术手段发挥管理会计职能

信息时代的到来催生了各种崭新技术，管理会计职能作用的发挥可以借助新兴技术，令企业的管理会计工作人员更为便捷地从事各项工作。将信息技术

引入管理会计部门可以有效降低企业的成本投入，并使工作效率大大提升。在"互联网＋"的浪潮下企业应抓住机遇，构建一套适合企业自身实际情况的管理会计信息系统，使该系统集成多元化的功能，如搜集资料数据、预测交易成本、售后评价与售后服务，以及预期企业发展前景等功能。该信息系统的建设可以极大方便管理会计的各类工作，促使管理会计的工作效率得以有效提升。管理会计信息系统的建设除了技术的投入更要注重管理会计人才的培养，注重人员培训。在培养管理会计人员专业理论与技能方面可以与高校构建良好的合作关系，将高校输出的优质人才资源加以培养。在技术的培养方面应加强互联网技术的应用，注重与互联网企业的合作。

管理会计无疑对现代企业的决策制定与战略规划调整有着不容忽视的重要作用，我国市场经济发展的大环境也对管理会计提出了更高的要求。企业的管理者应在充分认识管理会计职能重要性的基础上，立足于企业实际发展情况采取有效措施使管理会计充分发挥其在企业中的作用，创新管理会计的制度与方法，从而助力企业的稳步持续发展，并促进我国的经济建设取得更深层次的进步。

第三节　成本会计和管理会计的异同

按照不同的标准，会计可以分为财务会计、成本会计和管理会计，其各自的内容和功能有交叉之处，也有不同之处。随着会计准则的变化和完善，成本会计和管理会计的内容发生了很大的变化，两者之间的关系也随之发生了变化。为了明晰两者的关系，本节首先阐述成本会计和管理会计的定义和内涵，然后对两者之间的联系进行研究，以使人们可以更加明确两者之间的区别与联系，有利于人们对成本会计和管理会计更进一步的深入学习和研究。

从会计的发展过程来看，随着经济活动的进一步发展，会计在经济活动中的作用日益显著。会计不仅是记账和做表，还有了更多的分类，产生了成本会计和管理会计。为了更好理解成本会计和管理会计两者之间的关系，本节对成本会计和管理会计的主要内容和职能进行介绍，并对两者之间的联系与区别进行分析。

一、成本会计和管理会计的主要内容

（一）成本会计的主要内容

成本会计是一门记录、分类、汇总和分析成本，以帮助管理层作出审慎

的商业决策的艺术和科学，是一种对与成本有关的信息进行收集、记录、分类和分析的方法。其所提供的信息有助于管理者进行决策。成本主要由材料（直接和间接）、人工（直接和间接）和管理费用（生产、办公和管理、销售和分配等）三部分构成。成本核算的主要目的是跟踪企业的生产成本和固定成本。这些信息对于减少和控制各种成本是有用的，成本会计在这方面是与财务会计非常相似的。

（二）管理会计的主要内容

管理会计为公司管理而准备财务和非财务信息。它提供的信息有助于制定政策和战略、编制预算、预测计划，比较和评价管理的业绩。管理会计产生的报告被组织的内部管理人员（经理和员工）使用，因此不会在财政年度结束时报告。管理会计是一个收集、分析和理解财务报表、统计和定性信息的过程，以了解企业的经营状况和近期的发展方向。管理会计有助于企业做出短期决策，也有助于企业为未来的重大事件制定战略。

二、成本会计与管理会计的联系

（一）两者的服务对象相同

成本会计是通过核算相关主体在产品生产经营过程中的成本，制定长期性或策略性的决策，建立有利的成本控制办法以降低成本，提高企业的经营利润。管理会计着重于使企业改善管理水平，提高企业的经济效益。无论是成本会计还是管理会计都是通过对企业内部管理的改善，达到减少企业的经济利益流出或增加企业的经济利益流入的目的。成本会计和管理会计的服务主体都是企业的内部管理。管理会计的主体可以是整个企业，也可以是企业内部各个层次的责任单位，但总体上是为企业内部管理者服务，提供对其决策有用的信息以改善企业的经营；成本会计同样是以企业为服务主体，对于企业生产经营的成本进行核算。成本会计和管理会计均不适用于个人主体，一方面个人的管理层次简单，基本不涉及日常经营的管理；另一方面对个人进行成本的核算没有太大的实际意义，相反进行核算的成本远远大于核算结果带来的收益。

（二）两者的职能相似

两者都努力提供准确和相关联的数据和信息，以帮助管理层作出决策和提高组织的运营绩效。成本会计最基本的职能是成本核算，基本职能是反映和监督。现代成本会计的主要职能有成本预测、决策、计划、控制、核算、分析和考核。成本会计的各项职能是息息相关，互相影响的，在企业生产经营活动的管理中发挥着重要作用。在管理会计中也体现这些主要职能，如将实际和计划的差异进行分析，对相应主体进行奖罚，体现了成本考核的职能。

（三）两者之间存在内容交叉

由于受历史发展的影响，成本会计出现在管理会计之前，而管理会计又是从财务会计中分出来的一门学科。当成本会计的工作内容不再满足当时的需要，管理会计就随之产生，工作的内容从成本核算慢慢转移到管理控制。管理会计就是由此发展而来，成本会计就近乎是管理会计的前身。管理会计慢慢随着时代的发展而发展，学习其他学科的特点，使其能为企业提供更好的服务。

（四）两者的基本过程和内容相似

成本会计和管理会计有类似的基本过程和内容，两者都需要基本的会计基础知识和原则。成本会计和管理会计都使用许多相似的程序和技术进行计算和分析。

三、成本会计与管理会计的区别

（一）主要目的不同

成本确定和成本控制是成本核算的主要内容，提高绩效是管理会计的首要作用。成本会计的主要目的是确定生产产品的成本，并协助管理层进行成本控制和决策，防止企业产生超出预算的成本；而管理会计的主要目的是为管理人员在其计划、控制、绩效评估和决策过程中提供必要的信息，以制定目标和规划未来的活动，提供一幅管理层应该如何制定战略的蓝图。

（二）信息的类型和来源不同

成本会计只提供数量信息，但是管理会计同时利用定量和定性信息。成本会计完全围绕着定量数据，但只有定量的信息并不能描绘出整个行业的全貌。所以，我们还应该关注定性信息，以便理解业务中正在发生的事情。如缺勤率不依赖于任何数量信息，而是纯粹的心理问题。管理会计着眼于业务的所有方面，包括定量和定性数据点，以创建报告。成本会计核算的基础是从财务会计中获得的相关成本数据，不依赖于管理会计的成功实施；而管理会计的工作是基于从财务会计和成本会计中收到的数据，其成功实施依赖于成本会计和财务会计。

（三）决策的基础不同

成本会计是依照历史成本信息做出对未来的决策，而管理会计是基于历史信息和预测信息做出未来的决策。我们从成本会计中会发现这个会计系统是基于历史信息的。而对管理会计而言，重点既在于历史信息，也在于预测信息。历史信息只解决了部分问题，预测信息帮助管理层看到全局，使财务报表具有前瞻性。这就是为什么在管理会计报告中，预测信息是最大的循环领域之一。

（四）编制报告的规则不同

成本会计受成本会计准则或规章的制约，成本会计信息的编制有具体的规则和程序，而管理会计通常不受一套具体而严格的标准或规章制度的约束。成本会计确定固定成本和生产线相关的可变成本，以确定盈亏平衡点，最终确定利润。盈亏平衡点代表销售费用所涵盖的点，利润是以盈亏平衡点作为计算的起点来确定的，所有超过盈亏平衡点的销售都是利润。确定需要销售的产品数量，以达到盈亏平衡点，然后实现利润，这个过程被称为成本—产量—利润分析。成本会计要遵循严格的规则，但是管理会计则不需这样。

（五）报告的使用者不同

成本会计报告提交给组织的管理层以及其他外部机构或监管机构，如管理者、股东和利益相关者。管理会计报告要提交给组织的内部管理部门。例如，管理会计对于企业的业务问题和机会做了一份详细的分析报告，报告最终提供给公司的高级管理人员。

（六）成本的分类方式不同

根据不同的标准，成本可以分为不同的类别，对于不同的成本研究对象，也有不同的成本划分。对于管理会计来说，成本主要可以分为固定成本、可变成本、混合成本。在决策分析时，也会根据成本的相关领域将其分为相关成本和无关成本。在做决策时使用成本效益原则，只考虑相关成本，不考虑无关成本和沉没成本。而成本会计按成本核算，将成本分为产品成本和期间成本。因此，当涉及成本分类时，管理会计和成本会计的重点是不同的。

综上所述，成本会计和管理会计是会计的两个重要组成部分。两者都需要会计基础知识，使用一些类似的技术或流程，并要有助于确保组织的高效运作。但是他们有很多不同之处，成本会计关注成本和数量方面，对许多组织来说是必要的。管理会计关注定性和定量方面，面向未来，并有助于决策。

第四节 "互联网 +"时代的管理会计

管理会计是企业管理的核心内容，抓住管理会计也就等同于抓住了企业管理的关键。基于此，在"互联网 +"背景下，企业要稳步发展就必须对管理会计加以创新与变革。也只有如此，才能够使管理会计适应时代的发展需求，更好地为企业经济增长做出应有的贡献。本节从多个方面入手，对"互联网 +"时代的管理会计进行探究，以期推动管理会计发展。

互联网不仅颠覆人们的生活，更改变传统的商业模式。而在"互联网 +"时代下的管理会计也正面临着全新的机遇与挑战。为此，要想使管理会计更好地适应时代发展需求，不仅仅要从理论层面，更要从实务发展层面入手进行创新与改革，不断地提升管理会计水平，从而推动企业健康稳定发展。为此笔者结合个人研究经验与相关参考文献，就"互联网 +"时代下的管理会计相关情况进行分析，提出创新与推动管理会计发展的具体措施，以供广大同行参考借鉴。

一、"互联网 +"时代管理会计相关情况

"互联网 +"时代下的企业要想获得稳步发展，就要求其在转型过程中能够对自身实施更加科学、细致的管理，而管理会计恰恰是实现这一目标的重要手段与工具。也正因如此，"互联网 +"时代下的企业，始终努力让自己的管理活动更加地科学化、细致化，推动自身财务业务与工作的深入融合，不断地扩大自身管理会计的运用范围，并且要让会计核算从独立走向集中，从而提升企业的财务管理水平。

基于此，管理会计面临着全新的机遇与挑战，"互联网 +"时代推动了管理会计的转型发展。大数据对于企业而言，主要是指企业在日常经营管理过程中所产生的大量非结构化、半结构化的碎片化零散数据，企业通过对这些数据的收集、分析与汇总，能够使其管理工作更加细致化。云计算在企业中的运用，可以使企业在资金、成本、投资等方面的管理工作更加科学有效。而"互联网 +"时代的来临，促使大数据与云计算飞速发展，进而促使财务会计逐渐转变成为管理会计，管理会计的实际覆盖面得到扩大。也正因如此，企业的财务管理部门会参与到企业的业务工作之中，从而形成财务业务一体化的管理模式。所以说"互联网 +"时代推动了管理会计的转型发展，"互联网 +"的出现能够对企业内部操作进行实时监控，能够为企业的决策提供参考。并且随着"互联网 +"的深入发展，企业的管理会计不仅能够做好资金管理工作，更能够为

企业当前的经营情况、战略发展做出科学合理的规划，从而为企业创造更大的经济价值。

但是，因为当前仍有部分企业没有融入"互联网+"时代，没有根据市场的实际需求、时代的实际发展特征，对管理会计方法与管理会计体系进行完善，也就使得管理会计的发展与企业的实践需求仍然存在着较大的差距。且"互联网+"时代要求会计工作人员，不仅能够掌握基本的会计知识，还能够树立正确的信息化概念。现如今不少企业的会计工作人员不仅专业素质偏低，更没有树立正确的信息化理念，也就严重影响了企业会计信息系统的构建。特别是传统人工的核账、财务指标输入，极易出现人为操作误差，严重影响到管理会计的合理应用，也就使得在"互联网+"时代下管理会计难以生存发展。

二、"互联网+"时代管理会计思维转变与创新

时代的发展进步决定了我们必须要始终运用发展的眼光去看待问题，要摒弃传统的不切时宜的守旧思维，去迎接新时代的到来。尤其是从上文中我们可以清楚地认识到，在"互联网+"时代下管理会计正面临着全新的机遇与挑战。为此要想做好管理会计工作，就必须在管理会计理念中加入"互联网+"思想内涵，并且充分利用新技术对管理会计加以支撑，从而使得"互联网+"时代下的企业能够获得自身发展所需的各种有用数据。也只有如此，将管理会计与"互联网+"进行有机融合，才能够有针对性地对管理会计方法体系加以优化，才能够促使"互联网+"时代下的管理会计获得最优的实践应用效果。这就意味着管理会计思维必须要基于"互联网+"时代背景加以转变。而对管理会计实施的创新，则可以从创新管理会计理念、模式、软件这三个方面入手。这是因为现如今的管理会计学受到当前社会发展的影响，本身正在逐步向着互联网技术靠拢，这在无形之中就促成了管理会计新理念的出现，以至于在企业中无论是管理会计的理论知识，还是实践技术均发生了突破性的进展，大大推动了企业之间的交流与合作，也为企业之间的经济利益营造了一个和谐共赢局面，使得企业能够在"互联网+"时代下获得更好的发展。管理会计工作的高效开展，离不开企业对自身优势的合理安排与运用。且"互联网+"时代下的管理会计能够将工作中各流程信息加以整合，准确地反映出来，从而提高信息资源的利用效率，实现对企业经济管理活动的实时有效监控。所以，基于"互联网+"时代下的管理会计创新了管理模式，通过互联网技术实现了企业之间的集中式管理，也让企业部门之间构建了更为紧密的合作关系。此外，"互联网+"时代出现了各种各样的财务管理软件与企业管理智能手机软件，这使得传统的管

理会计逐渐摒弃了人为操作模式，更多使用网络技术开展各项工作，甚至是远程操作。而在整个管理会计软件创新过程中，这也是对于企业的财务管理与业务管理工作最为有利的一点，能够更好地实现资料共享，保证部门之间的良好沟通。

三、推动"互联网＋"时代管理会计良好发展的措施

（一）提升管理会计人员综合素质

当前，在全球范围内已经实现信息资源的有效共享，地域早已不再是影响信息资源共享的阻碍，而这正是因为"互联网＋"时代的到来。所以，在"互联网＋"时代背景下，企业要想推动管理会计的良好发展与运用，对自身的筹融资活动、经济业务进行探索与延伸，让资源共享模式在企业内得以形成，就必须要对企业的信息资源加以整合，让管理会计人员具备信息化思维。为此，就需要进一步提升管理会计人员的综合素质，对在职的管理会计员工展开定期的专业技能培训工作，将大数据思想传递给每一名管理会计从业人员。同时还可以适当引入高素质的管理会计人员，为企业管理会计队伍注入新鲜的血液，以便于在短时间内更好地满足"互联网＋"时代下企业对管理会计人才的迫切需求。

（二）构建完善的管理会计信息系统

企业要想实现"互联网＋"管理会计模式，则需要拥有一个健全的管理会计信息系统作为基础。这是因为健全的管理会计信息系统不仅能够帮助企业更好地适应互联网的变化，还能够对会计信息进行有效整合与高效处理。尤其是随着工业 4.0 时代的到来，管理会计信息系统使会计信息在使用、集成、提取等环节上变得更加方便，有利于企业的财务决策，也保证了最新资源能够随时随地地提供给企业管理者。所以，企业更应该将先进的信息技术引入管理会计工作之中，加快完善管理会计信息化系统的构建工作。

（三）加快"互联网＋"时代管理会计理论与实践的有机结合

目前仍有部分企业的管理会计在实际应用过程中，存在着实践与理论相互脱节的问题。因此在"互联网＋"时代下，必须要做好管理会计理论与实践的有机结合，才能够更好地理解管理会计理论，并将其应用到企业经营管理过程中，促进企业的健康稳定发展。为此，我国的相关学者就应该加强对"互联网＋"时代下管理会计相关理论的研究，提出符合我国企业发展需求的管理会

计理论，避免出现一味照搬发达国家成功经验的现象，避免管理会计应用与企业发展不匹配的问题。同时，企业还要在内部积极开展管理会计实践工作，及时对管理会计人员的专业技能与信息化技能加以培养，提高企业管理会计的应用意识，从而使管理会计能够发挥最优效用。

正是因为"互联网＋"时代下的企业管理会计仍存在着一些迫切需要解决的问题，所以在今后的实际工作过程中，我们更应该对"互联网＋"时代下管理会计工作的实际发展情况加以深入研究，对管理会计实施改革与创新，从而使管理会计能够符合时代的发展需求，能够更好地服务了企业，为企业发展注入全新的动力，推动企业的稳定发展。

第五节　管理会计与绩效评价

管理会计是企业会计的重要构成部分，对于企业决策的制定执行以及内部的协调等有着重要的作用和积极意义。对于现代企业的发展而言，管理会计的作用日趋彰显出来。为了进一步实现管理会计应用效果的提升，建议引入绩效评价。为此，本节以"管理会计与绩效评价"作为主要研究对象，在对其进行概述的基础上，从两个方面阐述了管理会计中应用绩效评价的必要性，最后结合当前我国企业实际情况，给出完善管理会计应用中绩效评价系统建设的一些建议，希望能为企业的发展提供一定的依据和参考。

经济的飞速发展，企业经营规模的不断扩大，对管理会计的要求更加严格。管理会计是主要利用财务信息，深度参与到企业管理决策、计划制订与绩效管理系统之中，提供财务报告与控制方面的专业知识，以及帮助管理者制定并实施组织战略的职业。基于此，管理会计是企业的战略、业务、财务一体化最有效的工具。现如今，管理会计应用效果在各方面都不理想，发展仍不尽如人意，究其原因，其人员素质是非常重要的一个原因。下文将主要以"管理会计与绩效评价"为主要研究对象，展开深入、细致的研究和分析。

一、管理会计与绩效评价概述

现代企业管理的过程中普遍开始采用绩效评价的方式，不过评价体系表现出了某种程度的差异性。但不管采用哪种评价体系，员工绩效在企业的绩效评价系统中是主要指标。在实际操作过程中，企业通过一定的评价程序，采用恰当的评价方法，对员工进行考核，主要是业绩层面和能力层面的考核，建议采用定期与非定期相结合的方式，然后根据考核的结果，给予员工对等的酬劳。

二、管理会计中应用绩效评价的必要性

（一）提升管理会计应用效果的需要

在世界主要发达国家，尤其是欧洲国家、美国和日本等，管理会计的应用非常广泛。而管理会计应用在我国则相对较弱，主要原因是我国管理会计的起步相对较晚，现阶段处于发展时期。应用程度比较低，应用效果比较差成为管理会计在企业管理和发展中的重要阻碍因素。管理会计虽发挥一定作用，但作用并不明显。通过一定的激励政策，使管理会计能够在绩效评价应用中发挥作用，从而使管理会计人员的工作积极性得到提高。同时能够在一定程度上提升业务人员的业务能力，使管理会计的应用效果得到一定增强。提高我国企业对于管理会计的了解程度，为管理会计在我国企业发展和管理中发挥更有效的作用奠定坚实的基础。

（二）提升企业决策正确性的需要

竞争是这个时代最为显著的标志，也正是因为如此，市场环境总是表现出极大的不确定性。任何企业，无论规模大小，要想求得更好的生存和发展，先进的理念至关重要，然后要善于捕捉机会，及时作出决策的调整，赢得更好的发展时机。管理会计的作用在于企业发展的每个阶段，信息都可以通过企业管理会计得以表现出来，然后以此作为重要依据，展开评估和研究，对未来可能的发展趋势进行预测，为企业后续决策的制定提供依据和参考，通过作业成本法、本量利分析法等管理会计工具发挥重要的作用。如果在对会计人员进行管理的实际过程中，以合理的方式引入绩效评价，就更加容易实现管理的规范化和标准化，更加利于员工的进步和成长，从而使他们以高度的责任感和主人翁的使命感投入到实际工作中去，管理会计工作的质量和效率都会得到有效改善和提升。

三、管理会计应用中绩效评价系统建设的完善措施

从目前所了解的实际情况来看，现阶段的管理会计在应用中还面临着很多的难题和困境，有源于管理人员个体的，也有外界的影响因素等，对其效果的发挥都有着极大的制约作用。在这样的现实背景下，在企业管理会计中引入绩效评价体系，利于激励机制的形成，利于绩效评价体系的建立和完善。具体来说，应该从以下几个方面着手努力。

（一）评价指标要进一步完善

要想保证绩效评价在管理会计中能够充分发挥预期的理想作用，前提就是科学引入评价指标。笔者认为，评价指标应该由两部分构成。

第一部分是与财务相关的指标。对于会计管理人员而言，财务信息本身就有着极为重要的作用和意义，因此在进行绩效评价的实际过程中，财务指标是不容忽视的。这一类别的指标主要就是为了对企业的资产情况进行综合性评估，包含财务的损益表、现金流量表以及资产负债表等。但是，从实际的应用效果来看，这存有很大的缺陷，尤其是不够准确、不够客观，也不够全面，所能够展现出来的仅仅局限在企业的经营成果，对于未来的发展无法起到科学的评价作用。还有一点就是评价指标相对单一，对于企业会计人员的业绩和综合能力也无法进行准确反映和评价。

现行的财务指标体系虽然有了很大的改善，但是依然存有缺陷。对于企业的管理人员来说，一定要充分了解企业的发展现状，立足实际，切实做好绩效评价内容的丰富和完善。笔者建议引入"价值增值"这个崭新的指标，主要的原因在于以下两方面。

首先通过该指标，能够在较短的时间内对经济决策的效果做出评估；其次是这个指标的引入，能够科学显示出在权益市值范围内产生的影响，然后成功预测出企业在未来一段时间可能面临的经营状况。尤其需要注意的是，在对该指标进行计算的时候，不仅要对于企业发展时期的现金贴现数据有所了解，更为重要的是对计划执行初期的市场价值有所了解。

第二部分是非财务类型指标。主要目的就是和财务指标一起，旨在保证企业价值衡量的科学性，常用的主要有顾客指标、学习指标、创新指标。当然，指标的选用需要符合企业自身的发展状况，还要进一步做好技术培训和员工培训，强化创新能力。

（二）制定科学的评价制度

在管理会计中要想真正合理应用绩效评价，就要不断对相应指标进行修正和调整，更为关键的是要保证所采用的评价方法科学、合理。评价结果要想真正实现公平、客观、准确，在进行评价的过程中，最好是能够引入多种评价方式，可以是个体对自己进行的评价，可以是同行之间的评价，也可以是领导做出的评价。

个体的自我评价，就是针对自己表现做出的评价，主要包括自身的业务能力状况、目标的完成情况等。自我评价有利于主体意识的提升，有利于个体的自我完善。大量研究表明，个体评价更加强调和突出积极表现，有利于员工的进步。同行评价也是一种常见的方式，因为同事之间的交流和沟通相对较多，无论是同一个部门，还是不同的部门之间，通过彼此的评价，对员工的表现能够进行全面的了解。最后就是领导做出的评价，结合会计人员的综合表现，给出结果，最终对三种方式的评价结果进行汇总。

（三）采取合适的激励制度

管理会计中绩效评价有着重要的作用，但是只有与之相配套的激励制度才能将其作用充分发挥。为此，笔者建议，要充分了解员工，对于员工的奖励，要依托结果，符合员工的实际要求。如果员工看重物质层面，可以通过薪酬的提升实现；如果注重自我的成长，可以通过职位的提升得以实现。当然，对于综合评价结果不理想的员工，要给予相应的惩罚。

在上文的论述中，我们可以看出来，将绩效评价体系引入企业的管理会计中，既利于管理会计应用效果的提升，也能更好地满足提升企业政策准确性的实际要求。所以，在进行实际应用的过程中，一定要切实做好绩效评价指标体系的建立和完善，健立科学的评价体系，制定并完善激励制度。这样管理会计的应用效果才能得到改善，作用得到积极发挥，为全面实现企业的快速发展奠定坚实的基础和有力的保障。

第六节 大数据下的管理会计

大数据时代的到来不断推动着企业管理会计的进步，企业在数据的归集、处理、提炼、使用上得到了巨大的提升。大数据时代所带来的数据处理方式使企业有了更多的信息来进行准确的决策，增强了企业的活力，有利于企业的持续发展。然而机遇往往伴随着挑战，唯有迎接挑战并理性应对，才能化大数据为工具，才能推动管理会计不断发展。

近年来，科技的迅猛发展使得云计算、移动数据、人工智能、大数据等新兴科技技术伴随着社交网络走入人们的生活，给人们的生活带来了巨大的影响，而数据的增长和科技的进步最直接的体现就是大数据越来越受到关注。管理会计逐渐成为企业最有效的财务工具，如何在大数据时代迎接挑战，把握机遇，实现与大数据的有效融合，为企业带来更多价值，本节将对此进行探讨。

一、大数据与管理会计概述

管理会计是会计人员运用一系列专门方法，对财务会计的资料及其他资料进行确认、加工、整理和报告，以便提高企业的效益，使企业各级管理人员根据其提供的数据应对日常发生的各项经济活动，并做出正确决策的一个会计分支。

但随着科技的发展和社会的进步，我们仅仅重视会计最基本功能的信息化这一现象的弊端凸显，由于数据的增加使得整理难度大大提升，时时在提醒我们也要对管理会计的信息化提高重视。这时的社会更加迫切需要科学有效的方法介入，从而让管理会计唤起生机。纵观历史经验发现唯有让管理会计和大数据两者相结合，才能使管理会计走上新台阶。那么，什么是大数据呢？

大数据指无法在一定时间范围内用常规软件工具进行捕捉、管理和处理的数据集合，是需要新处理模式才能具有更强的决策力、洞察发现力和流程优化能力的海量、高增长率和多样化的信息资产。大数据的"5V"特点（由国际商业机器公司提出）：大量（Volume）、高速（Velocity）、多样（Variety）、低价值密度（Value）、真实性（Veracity）。

大量是由于数据的来源很多，导致了数据大量涌现。高速是由于科技的发展，互联网、移动数据、电脑、手机等新兴科技工具的出现，汇集处理数据的效率更高，实现数据的高速处理。多样是由于技术支持的进步，数据种类逐渐增多，比如图片、音频、视频、文字等形式，使得数据变得更加多样化。低价值密度是由于数据的大量增多，而有价值的信息有限，就使得数据的价值密度下降。真实是由于数据获得渠道增加，数据量也增加，在其中便能提炼出更真实的数据。由于具备以上特点，有效地利用大数据对数据进行加工收集，必定能为企业创造更多的发展机会和商业价值。进入大数据时代，人类的生产生活以及各个方面，都会产生数据、留下数据。而现在的科学技术，尤其是大数据技术，能将这些大量多变、杂乱无章的信息安全快速有效地储存起来，并且随时能共享、应用、计算，使得每个人、每个组织都切切实实参与到数据的生产应用之中。

二、大数据下管理会计面临的机遇

管理会计作为一种工具既可以进行精细管理，也可以进行价值创造，是以企业经营过程中的经济活动为主要对象，以创造价值、提高企业经济效益为主要目标。在企业的决策过程中，为管理者提供全面高效的管理信息，使之能够客观预测经济发展前景，切实规划企业目标，有效控制企业经营活动。所以，管理会计作为现代会计一个重要分支，在企业发展中起着重要作用。随着大数据的引入，管理会计势必将迎来新的机遇。

（一）管理会计有更多的机会获得全面的数据，完善经营管理

传统的管理会计对数据的利用方式仍旧止步于结构化分析上，然而随着科技的发展，结构化分析变得十分有限，俨然无法满足企业日常经营管理的需要，而大数据的出现为企业获取更加全面的数据储备提供了重要的渠道和资源。在这样一个时代，各线性价值链企业之间和各价值网之间的竞争将会从普通竞争演化成为数据量的竞争，所以拥有一个完备的数据仓库，积极进行各种数据资源的搜集、确认、加工与利用的工作，将所有搜集来的有关于结构化、半结构化数据和非结构化数据进行综合利用，才能使大数据更好地为管理会计提供服务，从而为企业经营管理提供全面的依据。

（二）提升企业预测能力，使企业在市场竞争中优先掌握主动权

大数据提供了极其广泛的信息，而优秀的会计人员可以根据这些信息提前了解市场情况，预测未来企业收益，做出正确的会计决策，从而在市场竞争中掌握主动权。

三、大数据下管理会计面临的挑战

（一）提炼有价值数据的速度不够，不能有效防止数据贬值

随着企业和信息化发展速度的加快，关于市场、客户、交易等方面的数据量激增，为了适应市场发展的需要，建立企业自己的大数据库已经是迫在眉睫的问题。由于大数据涉及的范围很广泛，管理者得到的数据往往包含许多信息，管理者需要剔除掉其中不相关的数据和内容来保证决策的效率和正确性。但是由于数据的时效性，今天发布的报告可能明天因为数据的更新就失去了效用，所以企业要拥有一个能大量储存并且智能化管理的数据库，要求管理人员具有能迅速从大数据库中筛选出有价值数据，剔除无关信息的能力。企业管理人员还要具有挖掘、开发、研究大数据的能力，掌握先进的数据管理方法，并且能应用到企业生产经营中去，提升企业竞争力。

（二）保护信息和数据的安全意识和能力不够

为了保证企业的正常运转和安全运营，往往对管理会计做出决策的正确率有着很高的要求，而影响正确率的，是所收集数据的准确性和安全性。企业自身的数据和信息来源广泛，而得到的信息和数据也同样来源于方方面面。会计数据的准确性对企业有着极大的影响。因此，保证会计信息和数据的准确性是极其重要和必要的。如果数据被泄露，客户员工和整个企业都会受到不同程度

的影响，甚至造成企业倒闭。所以在大数据时代，企业也要提升自己应对数据泄露的能力。

（三）管理会计人员能力不足

随着大数据时代的来临，企业对会计人员的要求也越来越高。以往的传统会计人员对数据和信息的处理难以跟上大数据时代的脚步。获得的数据和信息需要专业人才运用会计相关知识对其进行整理、归纳和提炼，但目前具备这种能力的会计专业人才少之又少，极大地阻碍了管理会计发展。所以，企业需加强培养和培训，加快大数据和管理会计的接轨速度。

四、管理会计在大数据时代中的应对措施

（一）强化管理会计在大数据时代中重要性的认识

目前时代的发展趋势就是依靠大数据发展，因此我们需要抓住这一机遇，对管理会计的发展采用加强和推进两条线并进的方式，这样可以为提升企业管理能力和水平奠定良好的基础。首先，政府部门应该采取积极的态度为管理会计能够充分利用大数据中的资源信息提供基础性设施与政策等支持。其次，国内相关科研单位需要对管理会计相关的理论进行研究和总结，结合当代现实，将二者合为一体，最终完成与我国的经济发展相符的管理会计理论和实践基础。最后，对于企业而言，要善于把握机遇的命脉，以此提升管理会计在大数据时代的应用实践能力，以便于为企业奠定良好的发展基础。与此同时，企业内高管必须在大数据时代树立起应用管理会计的意识，加大重视力度，为企业赢得市场。

（二）保护信息，增强大数据库的安全性

随着科技的发展，我们得到信息的途径越发广泛，同时信息泄漏的风险也越来越高。所以在选用大数据计算和整理的服务机构和人才的时候，要注意筛选，加强监督，制订好保密协议，备份好数据，提前制订好处理方案。同时隔离重要数据，保证客户和员工的信息安全。但信息安全非一人之力所能胜任，国家应逐步完善法律制度，加强对企业的信息保护力度并且付诸行动。如果有信息泄露的情况发生，需保证企业能拿起法律的武器对泄露信息者进行处罚，维护自己的权益。

（三）培养高端复合型管理会计人才

传统会计人才暂时无法满足大数据时代下管理会计的需要，培养人才显得

迫在眉睫。企业应当加强对会计人员的培训、交流和学习，培养出有利于自己公司发展的专业型人才。然而，单凭公司一己之力难以满足当前管理会计的需要。政府应当出台相关政策和培养方案，制定相关制度推动数据和会计复合型人才的培养。同时，学校应当把大数据知识的传授提上日程，使会计人员在学校期间就拥有一定会计处理的基础，在日后工作中能更快地将理论和实践结合起来，适应会计发展的需要。

综上所述，管理会计在大数据时代下发挥着不可或缺的重要作用，但同时其顺利发展也面临着很大挑战。我们必须要正视这些挑战，并且努力克服这些困难，才能令政府、企业和社会团结一致。同时，企业与高校也要不断培养专业化人才，进而促进管理会计行业的发展，为企业创造出更大的收益。

第七节　管理会计的发展和创新

随着我国经济的快速发展，科学技术力量的大批量投入，大数据时代迎面而来，数据的处理量也不断增长。基于此，简单的财务会计工作已经可以被人工智能所替代，而管理会计的发展则面临新的机遇。但是管理会计的发展和推广的力度似乎并没有达到预期，管理会计在创新领域的发展也没有被挖掘出来。本节主要分析了新的发展环境下管理会计如何更好发展和创新，希望能够更好地满足高校、企业及其他领域的工作需要。

一、管理会计发展和创新的背景

（一）管理会计的定义

管理会计由成本会计和管理控制系统两大部分组成，又称"内部报告会计"，指相关会计人员通过自身的专业技能使用一些专门方法，对财务会计提供的原始材料和数据进行加工、整理，从而得到相对可靠的信息，使企业管理者能用这些信息对企业日常发生的各项生产经营活动进行规划和控制，并帮助其做出相关决策。管理会计的核心理念是创造和维护价值，它注重于分析过去、控制现在、展望未来，主要将企业过去发生的生产经营业务进行分析对比，从中总结企业可能存在的问题并制订企业未来的发展计划。基于此，管理会计可以说是企业战略、财务、经营一体化最有效的工具。

（二）互联网的影响

自从进入互联网时代以来，人工智能、云计算、大数据、互联网平台、物联网这五大科学技术无时无刻不影响着我们的生活，信息技术推动云计算、大数据与管理模式相结合。其中，尤以大数据最深入我们当前社会的方方面面。管理会计作为一个帮助企业管理层做出决策的角色，就十分需要及时性程度高的相关数据。与此同时，就凸显出大数据对于管理会计的重要程度。在大数据时代，企业管理层可以通过大数据提供的大量数据信息来构建财务共享平台，构建面向管理会计的信息平台，使企业获得更为可靠及时的信息，从而大大提高企业管理的效率和可操作性。

（三）大数据处理

众所周知，以往的数据处理都要依靠相关会计人员从数据库中调用数据，再通过人工将数据汇集、整理，最后由数据使用者对其加工并分析，得到对企业有价值的信息。上述过程不仅消耗了大量的人力、物力和时间，而且一旦其中某一环节出现差错，就可能给企业造成不可挽回的后果。这种传统的数据处理方式的弊端也随着互联网经济的发展日益显露，企业应当加快管理会计信息处理方式的转型。现今，大数据技术的普及也为企业带来了新的数据处理方式，企业通过对数据的挖掘，借助各种分析工具，选择合适的数据分析方式来获得及时、有用的会计信息，符合会计准则要求的准确性和相关性，从而避免信息滞后给企业带来的损失。

（四）大数据管理

大数据的来临也改变了传统数据的管理方式，在以往的企业数据管理中，管理方式较为单一，工作量大且效率不高。而大数据的出现使得数据类型和管理方式更加多样化，将大数据与互联网平台紧密结合，令大数据的搜集和使用简单化，从而实现数据管理的创新与发展。企业对于每个进入平台的数据都要做好严格的检查校验，梳理好相关体系，然后做相应调整，这样效益才会随时间慢慢体现。

二、管理会计发展和创新的意义

（一）有利于提高企业经济效益

在企业日常生产经营活动中，管理会计的各项职能贯穿在企业生产的每一个环节，保证企业的所有资源得到有效利用。管理会计人员充分利用自身的专业技能和职业道德素养，帮助企业完善会计规章制度，控制和监督企业的各个会计环节，并根据企业的实际情况，制订有效针对财务问题的科学解决策略，优化企业资源配置，从而使企业经济效益达到最大化。

（二）有利于合理预测企业的发展趋势

管理会计具有较强的规划职能，可以完善绩效评价体系，提高企业信息化处理水平，优化企业资源管理流程和内部控制制度，并在此基础上合理预测企业发展趋势。企业为了最大程度提升自身价值，将会十分重视管理会计做出的各项预测和决策。现阶段，企业面对日益激烈的市场竞争，就一定会想尽办法准确预测相关生产成本，减少不必要的浪费，实时掌握企业的资金流向，强化预算管理意识，严格执行相关会计规章制度，把管理会计的规划职能充分发挥出来。企业管理会计人员在帮助企业管理者做出决策时，需有效结合企业自身具体情况，合理预测企业未来一段时间的发展状况，并做好企业的内部风险控制工作。

（三）有助于完善企业激励机制

在企业运营绩效考核中，企业管理者不仅要灵活运用管理会计方式方法，同时还应最大程度发挥出管理会计在企业中的监督和执行职能，调动其在企业未来发展中的积极作用，合理分析各项绩效报告，进一步完善企业激励机制。管理会计通过利用自身各项职能，不仅要加强对企业内部员工的监督，还要重视激励措施的作用，将薪酬与企业员工绩效挂钩，制定各项绩效考核标准，并完善企业目标管理机制。企业需加大内部控制力度，根据实际发展情况充分调动企业内部员工的积极性和主动性，并有效调整自身发展策略，不断培养人才资源，提升企业核心竞争力。

三、当前管理会计发展和创新存在的问题

（一）落后的管理会计理论研究

相对于英美国家而言，我国管理会计理论的发展滞后，理论研究工作还没有形成完整体系，因而对我国管理会计的进一步发展也有一定的影响。理论的发展是与实践相适应的，如果理论的研究不能及时地运用于实践，那么理论的存在也失去了应有的价值。所以管理会计的理论发展要跟上实践的步伐，保证和实践相辅相成。另外，管理会计理论的发展要立足于本国的国情，我国与发达国家国情有所不同，所以理论的发展要实事求是，考虑本国实际情况，研究出适合我国发展的管理会计理论。

（二）管理会计人才匮乏

虽然我国经管会计等相关专业比较热门，但是高端人才的培养水平亟待提高，普通的财会人员在市场上已经呈现饱和状态，如果不及时培养新的血液，设立专门的管理会计岗位，或是还继续依赖传统的生产管理方式，管理会计的发展必然会受到相应的约束。

（三）会计信息更新缓慢

管理会计发展缓慢的另外一个原因是会计信息更新缓慢。会计信息对企业发展的作用是毋庸置疑的。如果会计信息传递不到位或是传递错误，轻则会导致企业损失资金，重则企业会因此而倒闭。我们现在的企业管理会计系统，存在着一系列问题，对企业的财务工作或是经营管理不能够及时进行反映和监督，拖沓的工作节奏则会使管理会计的发展滞后。

四、管理会计发展和创新的策略

（一）扩充管理会计人才储备

在高速发展的现代社会，实现管理会计发展和创新的方法一定不能少了管理会计人才的储备。对人才的重视和培养，在一定程度上促进了管理会计的发展创新。人才的培养应该从初级阶段就开始加以重视。在21世纪的今天，大学是培养人才的好地方，随着新经管理论的提出，大学对会计人才的培养更加注重多元化发展。因而，我们应该加快步伐将管理会计融入高等教育当中，加深学生们对管理会计的认知。比如，现在很多财经高校已经开设了管理会计的相关课程，或是引进了英国的特许管理会计师公会和美国注册管理会计师，与相关的培训机构合作开设国际会计班。这样在一定程度上也为将来管理会计人才的发展起到促进作用。

而在企业中，应不断鼓励会计人才在管理会计方面进行深入的学习，适当设定财务与业务等方面的继续教育目标，激发企业内会计人员参与学习与培训的热情，对培训内容要有一定的针对性，拓宽会计人员的战略和创新思维，为会计人员提供合理的晋升机会，让有能力的人得到相应的锻炼。

（二）建立健全管理会计体制机制

为深入推进管理会计指引体系建设，提升企业管理会计工作水平，促进企业增强价值创造力、实现可持续发展，财政部起草了《管理会计应用指引第204号——作业预算》等5项管理会计应用指引征求意见稿，意在建立健全管理会计发展创新的体制机制。在此之前，财政部也颁布过相关的条文，如《关于全面推进管理会计体系建设的指导意见》。这使我国管理会计相关理论体系有了进一步的完善。我国管理会计应用比英美国家要稍晚一些，英国的特许管理会计师公会和美国的注册管理会计师对我国管理会计的发展也产生了重要的影响。近年来，随着国际贸易的日趋频繁以及"一带一路"的建设，完善管理会计发展的体制机制已迫在眉睫，政府对管理会计的重视和鼓励，有利于我国企业在国际交易中占据优势地位。

（三）充分利用会计信息化技术优势

管理会计的发展创新离不开会计信息化技术，当前在会计核算及其他方面已经逐渐开始采用最新的科学技术，不少企业内重复的简单会计工作已经能够被替代，节省了大量的人力物力。今后，我们在节省时间和物力成本的同时，可以将这一部分节省的资源投入企业对管理会计的培训当中，加快管理会计的发展创新。同时企业要充分利用会计信息化技术优势，实现会计信息的资源共享。管理会计利用先进的信息化技术，如大数据、云端计算、数据挖掘，可以更有效、更全面地进行数据分析。

管理会计的创新与发展离不开当前的互联网背景的支撑。与此同时，管理会计对现代企业生产经营活动具有十分重要的指导作用。因此，企业要提高管理会计和技术创新水平，对公司内部管理进行精细化分工，推动企业对预算管理人才队伍的建设，改进预算管理方法，不断加强管理会计理论研究，充分意识到互联网新经济促进管理会计的创新，从而有利于企业的可持续发展。

第八节　战略管理会计

随着全球经济一体化发展及我国经济形势的上升，传统的管理会计向战略管理会计转型，是当今社会管理会计发展的主要趋势。企业作为市场经济环境下的经济主体，要想在市场竞争中取得优势，应关注自身战略竞争能力，将相关信息范围不断向外界拓展，在基本保留管理会计内容和技术的基础上，最大限度地向外延伸，为企业适应现代市场竞争环境提供更为充分的信息支持。基于此，本节首先介绍战略管理会计基本理论，重点分析了战略管理会计的基本方法及在企业中的应用情况，并为企业实施战略管理会计提出相关建议。

一、战略管理会计的基本理论

（一）战略管理会计的定义

自从战略管理会计出现以后，国内、国外的许多专家和学者都对其定义进行过探讨，但探讨结果并不确定。

我国专家通过研究分析，发现所有的定义都有着相同的特征，即都是由"确立战略""实施战略""评价战略""信息"或者一些类似的关键词构成战略管理会计的基本要素。由此，我们根据战略管理会计的基本框架将战略管理会计定义为，以 SMA=SM+MA 作为基本框架，运用管理会计的技术服务于企业战略管理的综合性会计学科，S 代表战略，M 代表管理，A 代表会计，SM 代表战略管理，MA 代表管理会计。这种方法是在战略的指引下，通过在企业管理的各阶段运用不同的信息和方法，以帮助企业领导者制订合理的策略。

（二）战略管理会计的特征

战略管理会计的特征与传统管理会计的特征有很大区别，它既注重企业内部管理，又站在全局的高度追求企业利益最大化。总结战略管理会计的特征如下。

1. 长期性

企业要保持自身优势、取得长远发展，必须立足于长远的发展目标和战略目标。企业只有保持长期的发展，才能立足于市场，保持竞争力。

2. 全局性

战略管理会计的研究范围不再局限于传统管理会计的范围，企业只有处于国内外经济全球发展的局势中，拓宽自身研究范围，才能及时获取充分的战略信息。

3. 长远性

战略管理会计不仅有助于公司获取财务信息，还为企业的持续健康发展提供其他辅助信息。它为企业提供的非财务信息有利于企业管理者进行企业深层次的分析和研究。

（三）战略管理会计应用的原则

企业在战略管理会计应用中应遵循的原则主要体现在以下几个方面。

1. 与环境相匹配原则

企业发展不能故步自封,应当跟上社会经济发展的潮流,加快自身发展步伐。

2. 定性与定量相结合的原则

战略管理会计为公司提供的信息不再是单纯、简单的会计数据,经济的发展要求战略管理会计通过分析筛选各种有效的、能为管理当局做出正确战略决策的、提供帮助的综合信息。

3. 横向协调原则

战略管理会计基础信息来源于企业内各个部门,需要各部门相互配合、互相沟通。战略管理会计通过对信息的加工处理、提炼,不断整理后再提供给管理层,协助企业管理者做出更好的决策。

(四)战略管理会计的内容

战略管理会计按阶段大致分为以下内容。

1. 战略选择阶段

战略管理会计在本阶段的重要目的是帮助企业做出战略目标和任务。为保持企业的竞争力,方法上应结合企业内外部的各种数据,对企业目前状况进行分析、决策。

2. 战略实施阶段

战略实施阶段是战略方案转化为企业战略性绩效的重要过程。为保证战略目标更快、更好地实现,本阶段的任务是根据企业制订的战略方案,逐步实施。战略成本分析是战略实施阶段的重要内容,它是为了保持企业持久的优势而逐步进行的成本的动态分析和有序管理。

3. 战略评价阶段

战略评价阶段是企业运用常见的评价系统来进行自我评价的行为策略,而不是被动依靠市场和顾客。

二、战略管理会计产生和发展需求研究

(一)战略管理会计的产生背景

当今市场竞争十分激烈,很多公司已经普遍采用管理会计方式,但现实情况是现代的管理会计只是以眼下的、短期的目标利益为重点,虽然企业在短期

内可能会获得较好收益，但是长此以往会导致企业的发展呈现呆板化的趋势。

所以，在激烈的市场竞争环境下，以短期的目标利益为重点的现代管理会计的方法已经不能适应新形势的发展，甚至会限制企业的发展。企业为适应市场竞争的需要，为了在竞争中求生存、求发展，就需要拥有战略型人才，战略管理会计应运而生。

（二）战略管理会计的发展需求

从 20 世纪 90 年代起，我国企业就已经开始对战略管理会计给予关注。到了 21 世纪，企业运用战略管理会计方法已成为大势所趋。虽然我国企业还处在向现代企业制度转轨的时期，但随着市场经济体制的建立，大多数企业已经形成以市场为导向的经营理念，这就使注重市场环境的战略管理会计的实行具备了可行性。市场竞争愈演愈烈，企业要想在优胜劣汰的竞争机制中存活下来，一方面要考虑企业的经营成本和经济效益，另一方面还要关注竞争对手的发展动态，这就促使企业由管理会计过渡到战略管理会计。但是由于管理会计的理论与企业实践没有同步发展，因此并没有实现预期的效果，对企业的发展没有起到明显的作用，这使战略管理会计成为一种迫切需要。

三、战略管理会计的基本方法分析

战略管理会计是配合企业战略管理需要为企业决策做支持的系统，在市场机会分析中运用战略管理会计方法有着非常重要的意义，主要有以下几种方法。

（一）价值链分析

1. 企业内部价值链分析

该分析又可分为内部成本分析和内部差异价值分析两种方法。二者共同点是均有三个步骤，第一步、第三步一样，即第一步了解自身或者顾客每天的作业是什么，第三步提出对应的策略。第二步有所不同，一是进行动因分析，二是对顾客价值间的差异进行评价。

2. 行业价值链分析

企业均处于市场价值链之中，所处的位置不同起到的作用也不同。所以，企业要对自己处于价值链的位置做出分析，以制订出适合自身企业的生产、销售等策略。

3. 竞争对手分析

处于社会发展中的企业，随时都会面临竞争对手的出现。只有对竞争对手进行分析，才能清楚认识自身企业的优势和不足。分析竞争对手，做到知己知彼，对于企业的发展是非常有必要的。

（二）SWOT 分析

SWOT 分析中 S 代表优势（Strength），W 代表劣势（Weakness），O 代表机会（Opportunity），T 代表威胁（Threat）。运用这种分析方法，企业可以知道自身的竞争优势、劣势，以及机会和威胁，公司再进一步研究自己的应对策略。因此，如果公司很明白自己的资源优势和劣势，明白公司面对的机会以及挑战，这将有利于公司制订发展策略。

SWOT 分析的主要步骤如下：企业将自己的优势和劣势，可能的机会与威胁都清楚地罗列出来；将公司自己的优势、劣势与机会、威胁结合到一起，形成 SO、ST、WO、WT 策略；挑选出恰当的 SO、ST、WO、WT 策略，以此来确定企业应该采取的具体应对方法。

（三）成本动因分析

成本动因分析方法由两个方面构成：一是结构性，二是执行性。这种分类方法是适应企业循序渐进发展进程最恰当的分类方法。

企业要想改变自己的竞争和发展地位，在施行战略性的成本动因分析方法的同时，使用结构性的动因分析方法可以帮助企业进行合理的战略选择。假如一个公司的厂房、设备、地点等基本信息已经确定下来，公司就能调整自身的生产规模，或者引进较新技术等手段改变公司的战略方向。

（四）产品生命周期成本分析

产品的生命周期是指某种产品在市场中从开始进入到退出而经历的所有的时期。产品在其生命周期中，企业为该产品发生成本可以划分为研究和开发成本、产品设计成本、产品生产成本、营销成本，以及顾客服务成本。可见该种方法是以产品的生命周期作为成本核算期间的，成本包含了企业价值链上研发产生的所有成本，不受会计准则约束和限制。引起这些成本发生的成本动因既有企业新产品开发战略的影响，又有企业营销战略的影响。所以，这一分析方法贯穿于企业发展的始终。

（五）目标成本管理分析

目标成本管理分析方法在企业的经营决策中是十分重要的。这种分析方法的基本内容主要包括三个方面：一是制定出产品成本的总体目标，并且以此为根据进行；二是为实现总体目标，需要将其分解成小目标去实现；三是按照这些分解目标的要求逐步设计、准备、试验、生产等，做好日常生产管理和技术管理，以保证目标成本管理的达成。

企业的最终目标是追求利润最大化，故企业要想早日实现其制定的各项目标，就要恰当地、合理地运用目标成本管理这一分析方法。

（六）战略性业绩评价分析

"平衡计分卡"这一方法在战略的评价阶段是经常被采用的。平衡计分卡是由哈佛商学院卡普兰教授和美国复兴全球战略集团总裁诺顿在 1992 年提出的。它不仅包含可以衡量行动结果的财务指标，还包含可以测评顾客满意度、内部活动和协调的指标。这种方法简单、快捷，弥补了单一财务指标的不足。虽然这种新的绩效测评体系能够更好、更快地让公司管理层了解公司的运行和发展状况，然而，其也有不足之处。它没有更明确地指出在评价的时候应该按照怎样的标准去执行，这在评价阶段会产生较大的阻碍作用。

四、战略管理会计在企业应用中的案例启示

在 20 世纪 80 年代，海尔集团在经历了一段时间的快速发展之后，内部管理出现了问题。新上任的领导班子管理力度不足，对于如何经营和管理公司没有较明确的目标和方法，导致海尔集团的产品出现问题，很多产品卖不出去，造成公司没有利润，亏空将近 150 万元。公司创始人张瑞敏率先想到并提出了改革。方案提出之后，他便带领公司员工对当时的市场进行了调研和分析，经过不断磨合和修改之后，制定出具有重要发展意义的"名牌战略"。

（一）战略管理会计在企业中的应用

1.战略定位分析

20 世纪 80 年代，名牌战略、多元化战略、国际化战略、全球化品牌战略、网络化战略五个战略阶段被相继提出，公司员工在市场调研的过程中不断进行分析，提出了大品牌、大科研、大市场、资本活的"三大一活"战略定位，并且通过不断努力实现了目标任务。并购其他企业、扩大自身规模、提高员工整体素质、开拓海外国际市场，海尔不断地完善自身服务质量，同时激励员工科技创新，提升产品竞争力。海尔没有忽略农村市场，施行农村与城市并重的经营策略，制定与自身相适应的经济管理体制，最终实现了高收益、低风险的经营目标。

2. 控制成本策略

海尔实行 JIT（Just In Time）策略，施行"JIT 采购—JIT 生产—JIT 配送"的价值链方法，有效减少了库存，既节约了成本，又减少了产品库存资金的占用，提高了资金的利用率。

3. 良好的人力资源政策

优秀的人力资源在企业中占有重要地位，是一个企业重要的资源。企业要想在竞争激烈的市场上立足，并取得长远发展，关键看企业内部人才的综合素质。海尔在选择员工时，首先看其是否有发展潜力；聘用员工后不断对其进行专业知识、沟通技巧等方面的培训，同时给员工充分实现自我价值的发展空间。同时，海尔提出"斜坡球理论"，要求员工勤恳工作，"当日事，当日毕"。

4. 注重增值服务

有了最初的教训，海尔更加认识到服务质量的重要性。顾客就是上帝，用户满意才能促使企业有良好的发展。因此，海尔更加注重服务质量，力求提升客户满意度，以服务打动客户，用真诚温暖人心，用高质量的产品和服务为企业创造价值。

5. 价值链分析

海尔公司充分利用了"价值链分析"的方法，在增加产品销量的同时，更要确保自身产品的质量。从产品生产到供应商接收订单，再到销售给客户，海尔集团在长期的摸索过程中，已经与供应商建立了长期稳定的合作关系。此外，海尔集团还积极拓展海外市场，以低成本实现高收益，海尔逐渐稳定了自己在市场中的地位。

（二）企业运用战略管理会计的成果分析

海尔集团之所以能成为全球大型家电生产的一线品牌，离不开它逐步提升的服务质量，更离不开它与时俱进的产品质量和追求卓越的企业精神。究其原因，还是企业恰当地运用了战略管理会计，将价值链分析法、战略定位分析法都运用得恰到好处，从而使得企业在世界电器行业内逐步站稳脚跟，并且在 2012 年荣登了"亚洲上市公司 50 强"榜单。

五、加快战略管理会计在企业中应用的对策

（一）普及战略管理会计知识，树立战略意识

企业若想顺应时代潮流，提高战略管理会计的应用效率，就要对战略管理会计进行积极宣传，打破传统理念，加强企业对战略管理会计的认识。在战略管理会计系统建立的同时，打破传统会计框架的影响，要用崭新的眼光，从全面的角度，培养新的观念。要培养会计人员树立可持续发展、外向型的观念，使其运用高瞻远瞩的目光和追求创新的思维，为企业决策者做出准确、恰当的决策提供有用信息。

（二）建立信息技术平台，加强战略管理会计实施

国内外战略管理会计的研究处于初级发展阶段，我们应加强对战略管理会计理论系统的研究。以市场导向、战略管理为发展内容，进而形成有效机制和有机系统，以指导实际工作，使战略管理会计工作在企业顺利开展，在更大范围内为公司新的战略决策找寻新方向。

（三）积极引进战略管理会计人才，加大培养力度

在当今科技与信息并存发展的时代，企业应为公司管理层提供更多的培训机会，通过学习、培训、宣传等多种途径让员工了解新知识，掌握新内容，提高工作效率。由于战略管理会计是从国外引进并逐步发展的，所以可以适当引进国外高级战略型管理人才，对本企业员工进行培训和指导。直接的沟通与指导会更快捷方便地输入、输出新知识，有利于快速提高公司经济效益。

（四）先试点后推行，先实施后改进

国内学者进行的战略管理会计理论研究是为了指导实践。但是现阶段我国的金融体制、价格体制的发展还不够完善，多项不足导致战略管理会计的优势在实际运用中得不到充分发挥。所以，我们应尽快建立起现代企业制度，健全金融体制、价格体制，为企业提供一个公平竞争的市场外部经济环境。在企业内部要形成一种充分重视和利用战略管理的氛围，培养永久性的企业文化。对企业人员的工作给予各方面理解和支持，在实际应用时要采取先试点、后推行，实践与理论紧密结合的实践方案。

第二章　管理会计的方式

第一节　制造型企业财务精细化管理方式

近几年，国际原油价格持续低位震荡，国内成品油市场需求不振，相关产业链下游制造型企业生产经营面临严峻挑战，财务精细化管理成为制造型企业应对低油价危机的必然选择。为此，本节结合制造型企业财务精细化管理发展现状，结合实际具体探究制造型企业财务精细化管理策略，旨在更好地促进制造型企业发展。

"企业的任何一项经济活动都有其财务意义"，精细化财务管理的核心就是通过实现"三个转变"促进财务管理水平的提高。"三个转变"即财务工作职能从记账核算型向经营管理型转变；财务工作领域从事后的静态核算向全过程、全方位的动态控制转变；财务工作作风从机关型向服务型转变。而财务会计是精细化管理的重要组成部分，对促进制造型企业发展影响意义重大。为此，本文就制造型企业财务会计精细化管理问题展开探究。

一、精细化管理概述

精细化管理需要深入制造型企业发展的全过程，具体体现在精细化操作、精细化控制、精细化核算、精细化规划方面。其中，精细化操作主要是要求制造型企业员工在工作中要规范自己的行为，严格按照有关标准开展操作，确保施工操作安全。精细化控制主要是指在制造型企业实践活动中严格规范各个活动流程，确保制造型企业能够按照计划施工。精细化核算是针对财务管理层面的活动，主要是指对各类和财务活动相关内容的核算，通过有效核算确保制造型企业发展利益的实现。精细化规划深刻影响制造型企业长远发展，能够增强制造型企业发展的市场竞争力。

二、制造型企业财务精细化管理发展现状

（一）制造型企业财务精细化管理难度大

制造型企业发展本身存在投入大、周期长、风险隐患大的风险。在制造型企业发展过程中，生产制造、加工销售等各环节都对整个制造型企业发展产生深刻的影响。在人们对制造型企业采取财务管理要求和生产流程需求增加的发展背景下，制造型企业财务精细化管理工作变得更加复杂。

（二）制造型企业财务精细化管理队伍落后

在社会主义市场经济不断发展的条件下，制造型企业也开始朝着国际化的方向发展。但是从发展实际情况来看，制造型企业在我国长期处于垄断地位，制造型企业财务管理理念落后，管理方式陈旧，且制造型企业财务精细化管理没有形成高素质的管理队伍。

（三）制造型企业财务精细化管理体制不完善

我国加入世界贸易组织之后，一些国外公司大量涌入我国，国外先进公司所拥有的技术和经验对我国制造型企业发展造成了冲击，对制造型企业财务管理提出了更高的要求。

三、制造型企业财务精细化管理优化策略

（一）实现对制造型企业财务管理理念的更新

传统的制造型企业精细化管理是以制造型企业发展资源、能源的消耗为基本出发点和落脚点，在发展的过程中只强调了成本的降低和支出的节省，忽视了制造型企业发展效益的提升，一味地压缩成本不符合制造型企业财务管理的科学发展理念。针对这个问题，制造型企业在发展的过程中需要树立长远的发展目标，积极引进国家间先进的成本管控战略和方法，从而确保在增加单位产量的情况下节省成本费用。

（二）实现精细成本管理，强化挖掘增效意识

成本是制造型企业长远发展的重要条件，精细化管理是提升制造型企业盈利能力和核心竞争力的关键。从发展实际情况来看，制造型企业发展面临核心业务限产、外部工作量萎缩等问题，在这样的问题下需要集团人员加强对各项投资和费用指标的严格控制，在制造型企业发展过程中树立精细化成本管理理念，通过挖掘增效来确保制造型企业发展保持良好的发展态势。在制造型企业

发展内部需要积极开展勤俭节约、挖掘增效的主题实践活动，加强对制造型企业预算的严格控制。

在成本管控上，制造型企业需要实现对全体员工的管理控制，在制造型企业建设成本、采购成本、生产成本等方面采取相应的控制措施。同时，制造型企业在发展过程中还需要积极开展对标活动，结合实际制定出符合其发展需要的费用支出标准，提升成本管控效果。在成本预算上，制造型企业需要完善分级管理、归口管理结合的预算管理模式，实现对预算管控的综合评估。在成本挖掘上，制造型企业需要加强从降低能耗、提高生产效率方面深层挖潜。

（三）完善制造型企业精细化管理制度

为了能够提升制造型企业财务精细化管理水平，需要完善制造型企业财务会计管理制度。在制度下保障制造型企业会计人员具备一定的职业能力，实现制造型企业财务会计管理专业化发展。同时，在制度的约束下能够将制造型企业各部门和制造型企业会计部门密切联系在一起，实现对制造型企业财务管理发展情况的科学评估，全面提升制造型企业的发展效益，提高制造型企业市场竞争力。

（四）完善制造型企业财务管理信息系统

在会计信息化系统建设中，要改变手工会计的习惯和思维，贯彻精细化管理思想。企业资源计划系统环境下的会计信息化改变了手工会计的工作习惯，也改变了以手工会计流程为基础而设计的会计电算化系统的流程，最终改变了会计管理工作的传统模式和思想。会计工作在达到精细管理要求的同时，必须改变传统的习惯做法，在保证会计工作质量与效率的前提下，把企业资源计划系统的管理思想融入会计工作的创新过程中，探索建立一套围绕业务、会计核算、财务分析到财务决策的财务管理信息系统，全面梳理和优化财务业务流程，建立各项财务工作标准，推行财务流程标准化管理。

综上所述，在激烈的市场经济环境下，想要更好实现制造型企业发展，需要相关人员加强对企业管理成本和质量的控制，实现制造型企业的精细化管理。制造型企业通过精细化管理不仅能够充分调动员工工作积极性，还能够确保制造型企业利益不受损害，实现企业的长远发展。

第二节　管理会计与军队财务管理的融合方式

　　财务管理对于军队的发展来说至关重要，但军队的财务管理存在着不足之处，进而导致军队的财务管理无法更好地适应时代需求，故而需要融合管理会计的相关理论，才能开展财务管理相关工作。本节重点探讨管理会计与军队财务管理的融合方式。

　　财务管理是每个组织发展必须要重视的工作内容，无论是企业还是军队组织，财务管理问题都是首要问题。对于企业而言，管理会计不仅负责基本的财务支出核算工作，还可以直接参与经济管理，提供真实的企业财务收支状况，并预测企业发展前景，为企业决策者的管理决策提供有效参考。然而对于军队而言，需要进行严格的财务核算工作，核算军队日常开销与基本经济活动费用，还要对资金来源进行统计，资金来源是否合理、支配是否得当等都是军队财务管理所涉及的内容。但军队在财务管理方面还存在着一些不足之处，需要可以弥补这些不足的人才，对军队的财务进行专业化管理，使其满足时代的发展需求。本节以管理会计与军队财务管理为切入点，通过对管理会计相关介绍与军队财务管理基本状况分析，提出使二者融合的方法，切实将管理会计应用在军队财务管理中，促进军队发展。

一、军队财务管理结合管理会计的原因分析

（一）管理会计的相关介绍

1. 管理会计的基本概念

　　所谓的管理会计主要职责是通过相关专业知识与实战经验，参与企业的经济管理，为企业管理者提供经营管理决策的科学依据，提高企业的经济效益。其主要工作对象就是企业的资金，包括现有资金与未来资金。管理会计主要有成本会计与管理控制系统两个部分。

　　所谓的成本会计是基于商品经济条件下，为求得产品的总成本和单位成本而核算全部生产成本和费用的会计活动。现代成本会计是为克服通货膨胀所引起物价变动导致会计信息失真的弊端，在物价变动情况下，以资产现行成本为计量属性对相关会计对象进行确认、计量和报告的程序和方法。它是以货币为主要计量单位，针对相关经济主体在产品生产经营过程中的成本耗费进行预测、决策、控制、核算、分析和考核的价值管理活动。

　　所谓的管理控制系统是指构成管理行为的计划、策略及奖惩的组合。管理

控制系统是指一种管理过程中所形成的权责结构，这种权责结构相应地表现为一定的决策结构、领导结构和信息结构。管理控制系统是管理会计的一个重要组成部分，在管理者的日常管理和战略管理中占据极其重要的地位。

2. 管理会计的工作内容简介

现阶段管理会计工作内容主要包括规划决策、成本控制、业绩评价等。这些工作内容的本质都是服务于企业，使企业更快更好发展。以下是对管理会计的工作内容的具体介绍。

管理会计负责为企业规划决策。所谓的规划决策是指管理会计以企业经营目标为依据，运用管理技术与会计知识，对企业的未来发展进行规划，并在预测分析的基础上，综合评价各种决策为企业带来的经济发展效果，为企业决策者提供有力参考。

除了规划决策以外，还要进行财务成本控制。所谓的成本控制是指管理会计以全面预算为依据，通过标准成本制度，对企业的经济活动成本进行有效的控制。

管理会计还负责企业员工或者团队的业绩评价工作。业绩评价本身依赖企业特有的绩效评价体系，需要管理会计对企业工作人员的工作业绩及工作表现等按照相应的指标进行业绩评价，最大程度上确保企业的各个环节和各项经营活动朝着既定的目标前进。

除了以上三种工作内容之外，管理会计还包括许多的基本内容，如辨认经济活动与信息反馈等。管理会计需要辨认企业的经济活动及其他经济事项，并进行严格的记录与分类，还要对经济事项发生的内外环境及各影响因素之间的内在联系进行评价和确认。信息反馈是指管理会计对企业运行资金进行预算、确认及控制，将企业的经济管理情况如实反馈给企业管理者。如此一来，企业管理者直接接受来自管理会计的信息反馈，了解企业的经营管理状况，为下一步的企业发展决策提供了有效参考。

（二）军队财务管理的基本状况分析

1. 军队财务管理的重要性分析

财务管理是军队管理工作的重要内容之一，也是后勤保障工作的重要组成部分，发挥着不可替代的作用。军队财务不仅关系到军队日常开销，供应整个军队的运转，还关系到一切军队的经济活动的开展与军队规模建设，是军队发展进步的经济基础。故而每个军队中都会成立专门的财务管理部门，要求军队会计合理调度使用资金。

2. 军队财务管理与管理会计融合背景分析

在没有结合管理会计之前，军队财务管理一直处于初级阶段。尽管随着经济不断发展，财务管理水平也在不断进步，但军队的规模也在日益壮大，对财务管理的要求也更加严格，军队的财务管理始终无法满足规模化的军队需要，在管理方面屡现弊端。其具体的弊端主要表现在以下三个方面。

第一，军队的财务管理缺少完善的制度。这里所说的完善的制度是指财务核算制度与财务管理制度两方面。现阶段的军队财务核算主要以基本的会计核算制度为主，可以进行基本的核算工作。但实际情况下，军队的财务核算工作较为复杂，如果单一使用基本的会计核算制度，无法满足实际需求，更无法为军队的发展提供有效依据。

第二，军队的财务缺少来源。现阶段的军队经济来源主要以国家拨款为主，其次是从各高校军训培训中获取资金来源。但一般情况下，仅有的不多的经济来源无法开展更多的经济活动，进而无法满足军队的发展与建设。

第三，缺少颇具专业素养的工作人员。在实际的财务管理工作中需要进行相关的财务预算、规划、控制、评价等，而军队中缺少将实际的财务管理状况反馈给军队的专业型人才，进而无法满足实际的军队需要。除此之外，如果会计人员的专业素质水平不高，时常会发生财务核算缺少真实性的现象，轻则影响军队财务管理，重则影响军队经济活动的开展与规模化建设。

在以上三种实际背景下，为了解决军队会计职能不足，有关人士提出将军队的财务管理与企业的管理会计相融合，借助管理会计的高水平专业素养、高效的工作能力与其独特的工作性质，来实现军队财务管理现代化，迎合军队实际需要，切实服务于军队。

二、管理会计在军队财务管理中的相关应用

前文已述，现代化军队的财务管理需要借助管理会计来实现，那么管理会计必然在军队的财务管理中扮演着至关重要的角色，主要管理军队财务中的投资决策、财务预算管理、成本控制等。以下是对管理会计在军队财务管理中的具体应用分析。

（一）优化投资决策

投资决策对于军队的发展来说十分必要，为了跟随时代发展，军队本身也

要逐渐转型为市场化发展，故而一般企业所研究的投资项目、增值资金、规避风险、决策管理等也同样适用于军队中。管理会计凭借其专业素质与敏锐的判断力，有效处理以上问题，提供有效的决策分析。但由于军队属于非营利性组织，其本身存在特殊性，这就要求管理会计运用概率分析法，科学比较投资风险与相应报酬，以现金净流量、内含报酬率等作为绩效评价的指标，采用多元化的投资策略，进一步优化投资组合，形成一个财务风险相对分散而投资效益达到最大点的投资组合，确保足够的资金促进军队发展。

（二）财务预算管理

军队的财务管理在编制财务预算时，往往不能准确认识到预算期内的变化因素，实际的支出费用与预算费用相去甚远，甚至造成了较为严重的经济损失，故而军队的财务管理需要进行财务预算管理。管理会计对财务的预算进行管理，根据军队的年度或预算期的事业发展规划以及教学计划、科研计划、购置计划、维修计划等，综合考虑各种因素的变化，充分考虑支出的必要性以及价格质量，使得财务预算实现其本身存在的意义，充分发挥其功能。

（三）成本控制

军队财务管理需要严格控制成本，而成本的控制主要包括成本固定、成本变动、成本混合。管理会计需要确定好约束成本，最大程度上减少酌量成本，明确军队经费项目的可变动性，并根据实际情况采用相应的定率管理模式，切实控制好与数量的辩证关系，清晰反映出项目影响与成本之间的关系，把最直观的、最真实的情况反映给军队决策者，为军队的发展提供重要参考。

除了以上几种应用之外，管理会计在军队财务管理中还有着其他的应用，例如承担财务管理责任、行使相应职权等，无论何种应用，无一不对军队的财务管理起到重要作用，故而管理会计与军队财务管理的融合，不仅仅是管理层次上的突破，更为军队财务管理的发展做出了重要贡献，为军队的发展夯实了经济基础。

综上所述，军队财务管理存在着较多的不足之处，而为了适应时代发展与军队实际需求，军队财务管理急需调整。经过本节的探讨与分析，军队的财务管理可以引进管理会计人才，应用管理会计的相关专业技能，对军队的财务管理现状进行适时调整，引导军队规模化、健康化发展。故而军队财务管理与管理会计融合刻不容缓，管理会计可以充分弥补初级阶段军队财务管理缺陷，切实做好投资决策、财务预算管理、成本控制等工作，为军队财务管理提供极大的便利条件，具有良好的发展前景。现阶段，管理会计与军队财务管理融合还没有具体落实，但通过本节的分析，促使二者结合后，会推动军队的发展建设，故而我们需要不断努力，融合二者，造福军队。

第三节 财务管理中管理会计的作用及强化方式

改革开放以来，我国经济实力在与日俱增，伴随着经济的发展，我们也会发现一些经济方式如商品经济、市场经济与会计都有着天然的联系。因为每一个企业都是离不开会计的，同样每一个企业家也都是离不开管理工具的，每一个企业都需要企业家用心去经营、去管理。对丁会计的作用，我们可以归结为两大方面：一是财务会计对于账务的总结、归纳、计算和管理；二是会计需要对企业的经营提出建设性的建议，加强对企业的控制能力，这就凸显出管理会计的重要作用了。管理会计对于企业来说，在企业的财务管理中起着十分重要的作用，本节通过对现代企业会计的分析，探寻在财务管理中，管理会计的重要作用，以及其作用的强化方式。

一、企业财务会计和管理会计的联系及区别

对于一个企业来说，企业的财务就是企业的命脉，有多少公司因为财务问题而面临倒闭，又有多少公司因为在关键时刻的一笔雪中送炭的资金而起死回生，重新经营起来。对于企业经营来说，财务管理显得至关重要，所有企业的财务管理最终的结果都是落在企业的财务报表中的，需要用实际的数据来展示。从始至终，会计都是为了服务财务而诞生的职位，但由于企业的财务管理方面出现了分流，因而对于会计来说，也出现了分支，即财务会计和管理会计。这两种会计有着千丝万缕的联系，二者是同源的，管理会计更是企业用来控制公司经营的重要工具。

（一）企业财务会计与管理会计的联系

对于企业财务会计和管理会计来说，两者的研究对象实际上是相同的，两者研究的都是企业的价值运动，而最终的研究目的也都是通过价值创造的研究、分析，来促进企业价值增量的最大化，让企业越做越大。对于企业价值运动研究，我们可以通过对企业资金运动的研究来实现，因为企业资金运动的表现形式是具体的，是有据可循的。资金流动的主要形式包括投资、筹资、销售额、企业日常的运营，以及企业内部股份的分红和盈利。通过对这些资金运动的研究，我们就可以充分研究和分析企业的价值运动，达到让企业价值增量最大化的目的。但对于财务会计和管理会计来说，虽然研究对象都是价值运动，但究

其根源，两者研究的真正成分是有所不同的。财务会计研究的是财务管理中的实体管理，因为财务会计可以直接接触到企业资金的预算、支出、收入等，可以对现金流量进行管理；但对于管理会计来说，接触的并非价值运动的实体，管理会计是通过对价值运动的分析、管理和整理反馈，来影响企业的管理，最终达到让企业价值最大化的目的。

财务会计与管理会计在企业的整体"价值链"当中，都存在十分密切的内部联系。对于一个企业来说，最主要的财务管理活动包括三个方面：投资、筹资和资金日常的运营情况。管理会计通过对企业价值运动的研究，对企业价值链进行横向和纵向的分析，提出科学、合理、可靠的建设性建议，为达到企业价值最大化的目标，提出十分有价值的信息。财务会计通过借鉴管理会计提供的信息，为企业提出具体的实行方案，依据项目本身的请款，作出资金的调整，对公司资源作出合理的分配，以达到公司价值最大化。

（二）企业财务会计与管理会计的区别

虽然财务会计和管理会计的研究对象是相同的，两者也存在着不可分割的内部联系，但两者也是有很大的区别的。两者的区别主要体现在八个方面：服务对象不同、核算主体不同、核算原则不同、核算目的不同、工作程序不同、核算方法不同、计量尺度和观念取向不同、核算时间和效力不同。对于这八个方面，我们具体举例说明其中四个方面。第一种，服务对象不同，财务会计是为了企业外部信息而服务的，为企业做出正确合理的决策；管理会计则是管理企业内部信息的。第二种，核算原则不同，财务会计核算的主体是有明确的标准和备注的，需要按照公认的会计原则进行核算；而管理会计则不需要遵循公认的规则，每个企业可以大不相同。第三种，核算目的不同，财务管理主要工作比较呆板，所以对于账目的处理也是比较木讷，主要目的在于汇报账目；而对于管理会计来说，它的主要职责在于分析账目，是为了公司经营更好而存在的。第四种，工作程序不同，对于财务会计而言，其制作账目是需要严格按照规章制度进行的，不能自行颠倒顺序；而对于管理会计来说，他们的工作顺序比较灵活，有很大的余地可以回旋。

二、财务管理中管理会计的作用

（一）提高企业的管理效率

管理会计的主要工作内容是要根据财务会计的工作内容才能进行。管理会计要根据财务会计对数据的搜集和汇总来做出具体的工作规划和决策。由于财务会计的主要工作是需要对账目进行统计、绘制等，因而财务会计提供的数据是经常改变的，而且会根据不同部门的工作变化来进行改变。两者的结合会辅助企业对其财务的各项支出与收入有一个明确的规划，管理会计可以很好地帮助企业提高企业的管理效率，赚取更大的价值。

（二）加强企业的竞争能力

管理会计主要是服务于企业内部的管理者和抉择者的，拥有管理会计再加上财务会计，两者相辅相成。管理会计可以为企业的发展提供更好的出路和决策建议，对企业的整个发展来说都是至关重要的。管理会计可以根据财务会计做出的财务报表，对当下企业管理出现的优势、劣势，以及未来发展的走向作出分析、总结，提出适合公司发展的策略。在财务管理方面，企业做到不花一分冤枉钱，这就可以大大提高企业的竞争能力，帮助企业立足于这个弱肉强食的社会。

三、财务管理中管理会计作用的强化

虽然我们知道管理会计对于一个企业的重要性，但我们对管理会计的重视还是没有达到对财务会计的重视度。财务会计和管理会计是密不可分的两个同根部门，对于企业管理层来说，应对管理会计给予高度重视，对管理会计给予信任，这样才能调动管理会计工作的积极性，使其更好地为企业发展服务。

与此同时，对于管理会计自身而言，自己本身的专业素质也很重要，因为自己本身素质过硬，才能针对企业财务的不同状况提出不同的建设性意见。只有当会计提出的建议合理有效时，企业的管理层和企业员工才会更加充分地信任管理会计，给予其更多的权利，管理会计才有施展自己才能的地方，为企业价值最大化做出贡献。针对企业管理会计自身素质的提高，作为企业可以对管理会计进行培训或者实战演练，给予其更多的机会。

以往我们对管理会计的应用模式显然不能应对现阶段社会和企业的高速发展。对于企业来说，管理会计的应用模式也应针对现阶段企业的发展，从最原来的"报账型模式"转变为"经营型模式"，建立企业的管理会计的组织框架。

对管理会计作用的强化最重要的一点是将财务管理工作做出明确的划分。财务会计和管理会计的工作职责是不同的，因而工作内容、流程等方面都是不同的，要明确管理会计的主要工作职责，不要出现工作重复做的现象，也不要出现有的工作没人做的现象，每一个部门有每一个部门存在的意义。同样的，每一个职称也有每一个职称存在的意义，应让管理会计充分认识到自己的职责，更尽心地工作。

综上所述，我们不难看出对于一个企业来说，财务是整个企业的命脉，而对于财务管理来说，财务和管理是分不开的，因而一个公司是要既拥有财务会计，也要有管理会计的。管理会计对于一个企业来说，是必不可少的，管理会计的工作是将枯燥乏味的数据加以分析、研究，提炼出有价值的信息，这些有价值的信息可以有效地帮助企业管理者做出正确的企业决策，把握企业管理方向。这就好比古时，每一个衙门都需要配备一个师爷是一样的，师爷的主要作用不是为了做决策，而是更好地辅佐县令做出更好、更科学的决策，免得错判导致冤假错案。对于企业来说亦是如此，每一个企业的存亡都不是单纯的领导层的问题，而是关系到企业上下所有员工的生活，因而每一笔大投资、大筹资都需要做出严格紧密的规划和安排，将风险降到最低。日常公司的运营，看起来是一笔流水账，但就是这每天习以为常的账目，十分影响一个企业的安危，作为企业管理者也要给予高度重视。这些工作都需要管理会计起到作用，因而我们更需强化管理会计的作用，激发工作人员的工作热情。

第四节　管理会计与财务会计的主要区别与融合方式

管理会计报告（报表）和财务会计报告（报表）都属于载体，有很多重要的会计数据包含其中，在对企业经营情况予以反映的过程中，两者分别反映着因和果这两种不同的内容。作为一个企业，在管理会计报表体系的设计工作中，应该注重对财务会计报表数据的分析，并与自身所开展的经营业务所具有的特点相结合，使管理会计在改善财务会计信息的滞后性、影响降本增效方面起到明显的作用。在此基础上，管理会计还有助于促进财务管理支持企业经营决策力度的大幅度提升。本节除了对管理会计报告（报表）和财务会计报告（报表）现存主要区别予以研究之外，还从财务会计报表的三大组成部分（资产负债表、利润表、现金流量表）出发，基于报表层面对管理会计与财务会计的融合做出尝试。

一、管理会计与财务会计的主要区别

管理会计报告（报表）和财务会计报告（报表）的区别主要体现在下述五个方面。一是侧重点上有所区别，前者的侧重点为反映一个企业的内部管理全过程，对管理和控制企业内部每个责任中心的工作给予高度重视。而后者主要

由财务会计报表部分、报表附注部分，以及财务情况说明书部分组成。对企业管理者而言，财务会计报告（报表）这一报告有一定的局限性存在。二是控制范围上有所区别，前者对事前与事中控制比较强调和注重，而后者仅注重反映事后。三是内容上有所不同，业绩和评价是前者所强调注重的，而财务信息是后者的主体信息。四是形式上有所不同，前者形式具有开放性的特点，未来是其所看重的，而后者的形式则显得比较固定。五是目的上有所不同，前者为企业中的内部利益相关者的决策提供信息，而后者提供决策信息的对象则是一个企业的外部利益相关者。综合言之，管理会计报告（报表）和财务会计报告（报表）分别比较注重一个企业的内部管理和外部管理这两个不同的方向。只有在清楚地知道两种报表所存在的区别，才能为后续的融合方式研究工作打下坚实的理论基础。

二、管理会计与财务会计融合方式研究

（一）资产负债表方面

资产负债表方面的融合在于一瘦一动。一方面，资产负债表瘦的秘诀。其主要是对一个企业的资产方面、负债方面，以及所有者权益方面等情况加以反映的一类报表。从企业的经营管理者角度出发，可以说资产是占用货币资金而非资源的多少。换句话说，就是首先转化货币资金为存货等非货币资金，转化完成后，再通过转让或销售这些非货币资金而获得最大化的货币资金，从而达成企业的增值这一目的。但是相应的便存在经营决策风险，由上述所提到的非货币资金对货币资金占用时间的长短决定，是否可以按照预期实现货币资金的转化。此时有一个最关键的问题就是假如企业资金太过有限，那么应该做出向哪类非货币性资产投入的决策。基于此，作为企业可基于产品层面，开展内容为逐一分解资产负债表的管理会计报表设计工作，对每个单类产品资金占用指标、运营周期指标等进行深入分析和相应排序，最终得以达成不同资金矩阵策略的目标，主要分为"高周转，低占用"和"低周转，高占用"这两类产品，采用短期高成本和长期低成本这两种不同的资金策略。另一方面，资产负债表动的秘诀。该类报表是对处在一定时点的财务情况予以揭示的一类静态性报表。作为经营管理者可以从时间序列出发，持续性地跟踪重要的资产与负债中的科目，并对应收账款周转率或者资产负债率等相关财务指标的预警值进行预设，以便跟踪和分析企业的财务实际走势状况，进而对经营策略进行实时调整。

（二）利润表方面

利润表方面的融合在于跨度变长和还原。一方面为利润表跨度得以变长的秘诀。该种会计报表是对处于一定会计期间（月、季、半年或者年）企业的生产经营成果的反映。因为一个年度为这类报表的最长期间，而更长周期投资回报是一个企业在做出经营决策时重点考虑的内容，有时候一些产品经营的实际运营周期将不小于一年。基于此，企业在利润表的编制和分析中，就存在依照产品或者投资等周期进行的必要，如此才能使处在更长周期中不同产品的利润趋势反映得更加全面，进而在此基础上，便于对处在更长周期内的某个年度具体阶段中的利润表趋于正常还是趋于不正常的情况进行分析。例如，处于发展平稳期这一具体阶段中的饲料加工企业，难以在利润上有很大的提升，此时分析利润表是否正常的工作主要以分析产业政策与行业前景等非财务指标为重点。另一方面为利润表还原秘诀。受会计处理方法与会计政策这两方面影响的财务会计报表中就包括利润表，且其还是深受影响的一张报表。主要表现在下述三个方面。一是因为存在收入确认这一条件，利润表与企业实际经营之间存在很大的时间差异，造成主要对数据进行反映的利润表太过滞后，极易误导经营决策。二是处理财务费用的是财务会计，但其太过狭隘，具体是仅对和负债有关的财务费用予以反映，忽视和权益有关的资金占用情况。基于此，作为一个企业而言，对于权益资金占用情况也应该进行财务费用的计算，并在管理会计报表利润上有所体现，等同于经济增加值这一角度，对某项投资决策或者产品运营所具有的经济性进行综合化的评价和相应的考核。三是对于计提的存货减值准备方面、计提的坏账准备方面，以及变动的公允价值方面等，在实际应用过程中，如果坚持谨慎性这一基本原则，就会造成利润表对企业实际经营情况的反映出现不够真实的状况。基于此，业绩考核指标与利润预算指标等都是管理会计报表涉及的一些指标，此时只需要把时间差异影响和会计政策影响剔除，使管理报表对现存于企业实际经营中的问题，反映得更加及时而准确，进而对企业中的每个利润中心的引导和考核将随之变得准确。

（三）现金流量表方面

上述提到的资产负债表与利润表这两类财务会计报表还存在一个补充性的报表，即现金流量表。这一补充性报表与前两种类型的报表在会计信息含量上，相比而言就显得不那么丰富多元，只是对处于一定会计期间企业的现金收支方面情况的反映。从其科目出发，可以看出其对现金流信息的反映综合性过强，对于资金收支也只是对经营性方面、筹资性方面，以及投资性方面这三类予以区分，造成仅观察现金流量表很难发现是否存在资金问题这一状况。已知现金流量表和资金计划表分别属于财务会计报表和管理会计报表各不相同的报表类型，出于使企业管理使用更加便捷的目的，可以改变前者为后者。总而言之，作为一个企业可从每个部门所应承担的职责出发，完成各自资金计划的制订工作。比如，对销售部门而言，回款方面和销售费用支出方面的计划是需要其制订的两类计划。对人力部门而言，人工薪酬支出方面的计划是其主要负责制订的一类计划。而税费支出方面、利息支出方面、新增借款方面，以及归还借款方面的四类计划，则是资金部门需要负责制订的计划。资金计划表这一管理计划报表，需要企业中每个部门资金意识的提升，使企业的资金使用效率得以提升，同时，使资金成本得以降低，这也是一个很好的各部门资金收支合理性与趋势的发现途径。

本节首先对管理会计报告（报表）和财务会计报告（报表）现存的主要区别进行深入的分析和研究，然后从资产负债表方面、利润表方面、现金流量表方面对管理会计报告（报表）与财务会计报告（报表）融合方式进行深入的分析和研究，以期提供一些可供借鉴的实例，为企业做好管理会计与财务会计在报表上的融合工作，提供切实的参考和依据，减少报表融合这一基础性工作上出现错误的概率，在为企业做好管理会计与财务会计融合的其他重要部分工作打下坚实基础的同时，助力企业朝着更加长远的方向发展和进步。

第五节　企业会计核算规范化管理方式

在经济快速发展背景下，企业竞争不断加剧，因此需要从提升企业会计核算能力入手，结合企业具体情况，加强会计核算工作，提升企业竞争力。但是在目前的发展中，由于一些企业对会计核算重视度不高，管理能力与意识不足，造成核算工作作用难以全面发挥。

在市场经济快速发展条件下，为了应对激烈的市场竞争，企业就需要从提升会计核算能力入手，确保核算工作的规范化，制订出有针对性的管理措施，发挥出会计的职能与作用。一些企业中会计核算工作存在着滞后性的特点，影响到了企业的正常发展。所以，为了解决这一问题，就要从规范企业会计核算工作内容入手，确保管理的规范性，以实现管理目标。

一、开展企业会计核算规范化管理工作的意义

（一）找出企业发展中的不足

就企业会计核算来讲，其实就是财务人员借助相关记录与资料对企业在生产经营中的相关数据进行分析，掌握企业发展情况，及时对企业发展战略进行调整，从而避免企业出现损失等。所以说在企业发展中就要发挥出企业会计核算的作用，实现企业的长远发展目标。企业会计核算，需要从日常经营角度出发，通过对企业近期情况进行分析，明确企业是否正常运转。通过对所得到的数据进行分析，能够使企业找出存在的问题，但是要确保相关数据的准确性，如果数据出现偏差，势必会影响到企业决策。所以在企业发展中就要清楚认识到企业会计核算规范性管理的意义所在，所获取的数据是精准的，这样才能促进企业发展。

（二）提升会计工作质量

由于企业会计核算有着一定的复杂性，所以在工作中需要财务人员保证自身工作的细致性，提高其核算的准确性与完整性。在企业发展中则需要以规范化管理方式开展核算工作，获取精准数据与信息，反映企业经营状况，为企业发展提供服务。另外，要规范企业会计核算制度，确保各项工作能够落实到具体实践中去，坚持以规范的制度进行核算，提高核算可信度。

（三）提升企业在市场上的地位

企业想要在激烈的市场竞争中占据一席之地，就必须要做好会计核算工作，满足其健康发展需求。只有获取真实有效的信息，才能展现企业经营状况，才能更好地提升企业市场地位。所以，要从做好各环节控制入手，掌握成本情况，满足企业健康发展需求。

二、企业会计核算规范化管理中的不足

（一）监督管理力度不足

企业会计核算作为企业发展中的重要环节之一，能够实现对企业各项经营管理的监督，但是一旦忽视企业会计核算的监督作用，势必会降低核算数据的精准性，造成财务经营中的数据难以反映企业实际情况，难以发挥其监督管理功能，对企业正常发展产生不利影响。

（二）会计人员综合素养不足

会计工作人员作为企业会计核算的承担者，综合素养与专业能力直接影响到了会计核算的质量。但是在研究中发现，目前一些会计工作人员在专业能力与综合素养方面存在着一定的不足，使得核算工作质量不高，难以满足企业发展需求。所以会计工作人员想要提高核算质量，就必须要掌握专业财务会计知识，积累丰富的工作经验，正确面对企业会计核算中存在的问题，采取科学核算方法提高核算准确性。

（三）专业人员数量不足

企业想要实现长远发展，必须要具备充足的财务人员，确保各项财务工作顺利开展。但是在一些企业中虽然已经成立了专业部门，但是专业人员数量严重不足，在工作中表现为分工不合理等问题，造成企业会计工作效果并不理想。另外，一些企业中的财务部门作用难以发挥，工作人员难以掌握企业中的真实经营数据，难以进行规范化核算。有的企业在选拔会计专业人才时，并没有结合具体情况进行选拔，造成工作人员专业能力不足，影响到了企业会计核算工作的开展。

（四）内部管理制度不足

由于一些企业对财务内部管理制度重视度不足，造成财务工作开展效果并不理想。即便是一些企业认识到了开展企业会计核算的意义，但是在工作中却依然没有按照相关管理制度来进行工作，造成核算工作针对性不足，难以实现企业会计核算功能，使得企业会计核算效果并不理想，限制了企业的未来发展。

三、企业会计核算规范化管理的措施

（一）加大监督管理力度

在企业发展中要从落实会计核算工作入手，发挥出会计核算监督管理职能，加大企业内外的监督力度。第一，要积极开展内部监督，借助相关部门的优势设置相关监督岗位，监督人员也要积极对财务数据进行监管，找出其中存在的不足，解决其中存在的问题，发挥出内部监督的作用。第二，要发挥外部监督的作用，利用内部监督优势确保企业会计核算的规范性，提高核算的科学性与真实性，以实现规范化管理的目标。

（二）提升工作人员专业性

由于会计工作人员综合素养与专业性对企业会计核算工作质量有着直接的影响，所以在工作中就需要从具体环节出发，清楚认识到提升会计工作人员专业性的重要性。首先，要积极组织会计工作人员参与培训，以强化培训等方式帮助其掌握相关政策与准则，确保工作人员能够在工作中严格遵守相关制度要求，提高其工作合法性。借助有效培训也可以帮助会计工作人员掌握最新的专业会计知识与技巧，熟练使用相关软件。其次，要提升会计工作人员对企业会计核算规范化发展的重视度，明确自身工作要点，确保会计核算的针对性。最后，要加大专业人才引入力度，确保核算工作高效开展，提升核算科学性。

（三）组建专业核算团队

在一些企业发展中因专业财务人员数量不足，使得企业会计核算工作开展存在着许多的问题，工作质量不高。因此在企业发展中就要积极开展团队建设，引入高素质人才，确保企业会计核算的顺利开展。首先，要成立专业部门，以综合素质高、专业能力强的人才为主，发挥出企业会计核算的优势。其次，要积极开展职业道德培训，提升工作人员思想认识。最后，要引入先进的考核办法，以此激发工作人员参与工作的欲望，提升其竞争意识，确保核算工作的高效性。

（四）完善财务会计管理制度

第一，在企业会计核算中就必须要做好内部制度的建设工作，只有保证各细节的合理性，才能确保工作人员能够在工作中坚持正确的工作态度，严格按照具体工作流程开展核算工作，提高核算精准性。第二，要完善管理制度，制度建设的目的就是要指导后续工作开展，所以当工作人员对制度重视度不足时，势必会影响到制度的作用发挥。因此企业就需要从各项制度入手，积极开展核算工作，保证核算工作的顺利进行。如可以开展交替监督，对各个环节进行细化管理，提升人力资源效率，确保会计工作的标准化。所以在企业发展中就要不断完善管理制度，结合企业发展情况进行有效调整，满足工作要求。

（五）提高核算科学性

在企业发展中想要实现长远发展目标，就必须要遵守相关管理制度，避免随意更改工作顺序等，要结合企业具体情况，确保账务工作的质量，严禁出现遗漏等，提升企业会计核算的质量。要保证管理的持续性，做好各细节管理，避免出现凭证不规范、账务不合理等问题。只有掌握企业发展情况，才能采取合理化核算方法，才能提升企业会计核算效果，确保核算的精准性。

（六）以奖惩机制促进企业发展

想要发挥出制度与规范的作用，就必须要将制度与规范落实到具体实践中去，发挥出管理优势。而在企业发展中制度与规范的执行力度往往受到企业精神、文化、奖惩机制等方面的影响。所以，想要提高企业会计核算质量，就必须要从提升核算人员工作积极性出发，以完善的奖惩机制增强企业竞争氛围，确保工作人员能够承担自己的职责，避免其在工作中出现错误等。对于专业能力强的人才要给予一定的奖励，激发其工作积极性。另外，要鼓励内部人员之间积极开展监督管理工作，不仅要完成自身工作任务，同时也要实现全面监督，营造良好工作氛围，确保企业的健康发展，提升企业在行业市场的竞争力。

（七）加强从业资格管理

想要提高企业会计核算工作质量，就要从人员角度出发，在通过资格审核的基础上，确保工作的顺利开展。所以，在工作中就要从工作人员行业素养出发，企业管理者也要清楚认识到进行从业资格管理的重要性，确保所选择的工作人员具备专业证书，能够掌握相关知识与技能。另外，还要借助设计资格等级的方式激发工作人员工作积极性，确保其能够主动提升自身能力，在学习先进知识的基础上获取相关资格证书，让工作人员感受到学习提高的压力，从而激发自身积极进取心，进而提升其行业综合素养。在引进专业人才时，要结合综合技能测试与调查，掌握工作人员整体知识情况，在综合心理素质评估的基础上确保所选择的人才能够满足企业会计核算要求。

综上所述，在企业发展中为了实现规范化的企业会计核算，就必须要从企业具体情况出发，以完善的会计制度促进核算工作开展。同时还要加大监督管理力度，发挥会计核算监督管理职能，营造良好核算工作环境，解决企业会计工作中存在的问题，促进企业的健康发展。

第六节　乡镇财政加强会计预算管理的方式

乡镇财政是国家财政的重要组成部分。作为中国基层财政，在保障农村经济社会稳定、促进农村经济社会发展、巩固和加强农村基层政权建设等方面发挥着重要作用。从全国各地来看，乡镇财政管理还存在许多问题，如预算管理不科学、工作制度不健全、财务会计核算不合理、专项资金管理不到位等，很多工作亟待加强。因此，本节结合实际工作，提出了加强乡镇财政管理的对策和建议。

会计核算的预算管理是每个政府部门的一项重要工作。它是指政府部门为了实现自身的职能，提高财政利用效率而做出的决策、计划、组织、协调和监督所采取的各种行动。通过财务会计预算管理，我们不仅可以加强对资金使用的监督和管理，还可以提高资金使用效率。然而，在实践中，由于制度和人员的限制，财务会计预算管理中还存在一些问题和不足。这不仅影响到财务会计预算管理的顺利进行，也对财政资金使用效率产生了负面影响。因此，结合乡镇的实际情况，探讨和分析财务会计预算管理中存在的问题和不足，并提出相应的改进途径和方法，无疑具有重要的现实意义。

一、乡镇财政财务会计预算管理中的问题与不足

由于体制、人员等因素的制约，目前，我国乡镇财政财务会计预算管理还存在一些问题和不足。具体而言，主要体现在以下几个方面。

（一）管理体制缺失

大多数乡镇缺乏完善的财务会计预算管理制度，会计预算人员没有明确分工，权责不明确，容易出现相互推诿的现象。财务预算会计管理人员在一些单位有多重责任，财会预算不能有效管理，容易造成国有资产流失。

（二）预算管理体制不完善

预算工作在财务会计预算管理中没有得到应有的重视，很难厘清财政支出的重点，使其不能发挥应有的指导作用。在财政预算执行过程中，没有科学合理的各项支出计划，容易出现财政支出超出预算的情况。

（三）监管体制缺失

乡镇财政预算会计管理普遍缺乏有效的监督机制。虽然偶尔有财务检查，但他们通常以正式的方式或相应于工作的需要而完成。它不能达到预期的效果。缺乏常规监管，往往以突击检查的形式对财务会计进行预算监督，范围不够广、不够深，很难真正发挥监督作用。

二、乡镇政府财务会计预算管理办法

（一）完善财务会计预算管理制度

管理一直是企业和国家发展最重要的组成部分。如上所述，中国在财务管

理过程中没有健全的管理体系，为保证财务会计预算管理的执行力度，应建立科学合理的会计预算管理制度。第一，明确每个会计人员的责任，这样可以大大避免将来工作中出现的问题。要明确管理人员的工作，要落实个人责任。这种情况可以保证出现问题时，可以及时找到相关的负责人，这也是财务管理的进一步保障。第二，员工的工作目的是明确的，许多单位为会计人员安排了越来越多的工作，因为高层管理人员对财务人员的重视不够，这显然是一个错误的工作安排。高级管理人员应加强会计管理工作，对于一些违反规定的人员给予惩罚，建立员工监督机制，使全体员工能够互相监督。第三，要摒弃传统会计管理的不合理之处，强化会计管理意识。随着新时期科学技术的发展，我们应该发展现代的会计管理和信息管理。财务管理人员要顺应时代的发展，运用现代手段对财务部门进行预算管理。

（二）加强财务预算管理工作

财务预算管理工作是提高财务管理水平的最佳途径。首先，要确定财务预算管理的态度，明确预算可以提高财务管理水平，建立科学合理的预算管理理念。其次，在进行财政活动之前，必须进行财政预算，以加强经济活动的规划。最后，建立科学的预算分配、执行和决算监督制度，确保预算的准确性。

（三）提升会计职业能力

目前，在知识经济和信息时代，人才在社会的发展中起着越来越重要的作用，特别是在财务管理方面，人才是重要的，需要很强的工作能力。因此，在专业人才的培养和应用中，应始终重视人才的选拔和培养。首先，我们应该重视人才的培养。事实上，人才培养是高校自身应做好的工作。但现阶段，高校培养的人才已不能满足人力资源的需求。因此，机构可以与高校合作，开展更多的实训项目，为人才提供学习的机会。其次，对已聘用的会计人员进行专业培训，对员工进行任职资格考核是一个必要的过程。企业在员工入职培训后，进行为期一至两周的岗前培训，试用期为三至六个月，在此期间对员工的职业能力进行调查。试用期过后，让新员工总结本期工作，回顾工作中的不足，为今后的工作积累经验。最后，最关键的部分是提高员工的整体素质，纠正他们的工作态度，帮助员工树立责任感和道德感，让他们明白财务管理必须认真负责。

（四）完善财政监管机制

一是发挥乡镇财政和县级管理的作用。加强乡镇财政收支监督，定期监督检查乡镇集中核算单位和村级财务处理单位，不断规范和提高会计核算的规范化水平。二是完善乡镇财政内部监督制约机制。建立乡镇财政监督员，充分发挥内部财政监管的作用，开展乡镇财政业务全过程和全方位监管，实现从事后监督到事件监测的转变。三是要加强专项资金的监督检查。继续完善财政监管手段和方法，完善管理机制，切实规范和加强专项财政资金管理，强化资金绩效考核机制，不断提高财政资金使用效率。

简而言之，加强乡镇财政财务会计预算管理有着重要的作用。今后，我们要认识到财务会计管理的不足，并根据具体情况采取相应的改进措施，进一步提高财务会计管理水平，促进资金的有效使用，提高财政资金使用效率。

第七节 管理会计人才的培养方式

本节从外部原因和内部原因两方面分析了管理会计人才稀缺的原因。外部原因是企业忽视了对管理会计人才的培养，因技术欠缺等原因不支持培养管理会计，仅通过控制成本来增加企业利润，严重阻碍了管理会计人才的发展。内部原因是企业对管理会计人才的需求远小于对财务会计的需求，缺乏完善的课程体系，涉猎范围较广，学习难度变大。本节还阐述了管理会计人才的培养策略，如完善课程体系，在大二至大三年级设置不同难度的管理会计课程，开设经济学财务评估等辅助课程，拓宽学生知识面。丰富实践形式，在实践教学阶段开放企业实战平台，引导学生进行仿真实验学习，使其意识到管理会计在企业中的重要性。在专业实践阶段，学生对案例进行详细分析，对企业财务管理进行详细规划。在综合阶段，高校需改革教学方式，加强师资队伍建设。

在信息化快速发展的时代，市场逐渐细分，企业的发展空间变大，生产成本不断降低，经济效益不断提高，促进了企业的可持续发展。现代化的管理会计人才培养方式不仅可以提高企业的经济效益，还可以通过一系列特定的技术和方法，对企业生产和经营活动进行有效控制，创新会计管理机制，充分发挥会计的管理职能，让企业在市场中保持住竞争优势，创造更多利润。改变会计职能是为了提高企业的硬实力，提升内部管理水平，促进企业转型升级。

一、管理会计人才稀缺的原因

（一）外部原因

企业高度注重产出，忽视了对管理会计人才的培养。大多数企业会因技术欠缺等原因不支持培养管理会计，仅通过控制成本来增加利润，严重阻碍了管理会计人才的发展。

（二）内部原因

第一，受外部因素影响，企业对管理会计人才的需求远小于对财务会计的需求，学校也会针对企业需要的人才去设置相应课程，忽视了对管理会计人才的培养。第二，缺乏完善的课程体系。由于管理会计专业出现在大众视野中的时间较短，尚未建立一个能将理论与实践相结合的体系。第三，管理会计涉猎范围较广，既要学习成本核算、预算等知识，还要学习营运、管理等知识，加大了学习难度。

二、管理会计人才培养策略

（一）完善课程体系

第一，高校应在大二至大三年级设置不同难度的管理会计课程，让学生对管理会计知识有更加深刻的思考，明确从事管理会计工作需要掌握的技能。第二，增加管理会计所占的课时比例，开设经济学财务评估等辅助课程，拓宽学生知识面，使其能举一反三，让学生时刻走在专业思想的前沿，意识到管理会计在企业中的重要性。

（二）丰富实践形式

1.实践教学阶段

第一，在校内开放企业实战平台，引导学生进行仿真实验学习，使其意识到管理会计在企业中的重要性，找出自身在实践过程中的不足。第二，通过校企合作让学生了解企业基本的生产流程，使学生将理论与实践相结合，思考如何能将最基本的生产核算提升到高层次的成本管理上来。第三，开展与管理会计实务相关的活动。可通过小组学习，让学生找出企业中实际存在的财务问题，并结合所学知识对这些问题进行点评和解析，以加深其对管理会计专业的理解。第四，举办专家讲座，介绍关于管理会计最新的研究成果，并对相关政策进行解读，让学生了解管理会计行业的发展现状。

2.专业实践阶段

在课堂上，教师要将案例与理论相结合，对案例进行详细分析，对企业财务管理进行详细规划，提升企业的自身价值，激发学生的学习兴趣。

3.综合阶段

第一，带领学生进入校内的仿真财务实验室进行实操，让学生初步了解管理会计的工作流程，并根据操作记录出具实践报告，与教师进行交流，找出自身在实操中存在的问题。第二，学校要鼓励学生到企业实习，解决学生在理论学习中遇到的困惑。

（三）改革教学方式

从前的教学方式存在诸多缺陷，大课堂教学导致学生的听课效果欠佳，若将理论与实践进行结合，听课效果将事半功倍。第一，教师要给学生布置制作演示文稿的作业，使学生充分意识到管理会计对企业发展的重要性。第二，教师要对财务管理、成本核算等教学内容进行整理和适当删减，突出教学重点，避免教学资源的浪费。

（四）加强师资队伍建设

教师的能力在管理会计的教学中起着至关重要的作用。学校在资金条件允许的情况下，应组织教师进行理论知识学习，选择教学能力突出的教师到企业进行顶岗实习，并定期组织考试，了解教师对管理会计专业知识的掌握程度。

随着经济全球化的不断发展，企业的经营环境已发生了根本性变化，企业的内部管理活动逐渐呈现出多元化现象，对管理会计专业人才提出了更高的要求。在新形势下，要加大对管理会计专业人才的培养力度，对管理会计的教育理念进行改革创新，构建全面、先进、系统的知识体系，为企业输送更多高质量、高水平的管理会计专业人才，使其为企业的经营管理提供合理决策建议。

第八节　PPP项目财务管理与会计核算方式

近年来，随着我国社会经济的快速发展，我国在水利设施、交通设施，以及环境保护设施方面的建设数量和规模也在不断增加，相应的，在这些方面的资金投入也会随之增加。为了进一步优化我国的融资平台方式并降低财政投资的风险，政府和社会资本合作（PPP）模式得到了广泛的应用，并取得了良好的效果。本节对PPP项目财务管理与会计核算方式进行探究，希望对提升财务管理水平以及提升核算的准确性有所帮助。

我国社会经济在近年来的发展取得了突出的成绩，随之而来的城市化进程也不断加快，在此过程中，PPP项目发挥了至关重要的作用。目前，PPP项目已经被广泛应用于我国的生态保护设施建设、水利、能源，以及交通设施等领域，并取得了十分显著的效果。相较于传统的政府单独管理模式，PPP项目具有十分明显优势，主要表现在PPP项目可以有效降低成本。通常情况下，PPP

项目可以降低 1/4 左右的成本。近年来，随着 PPP 项目的广泛应用，在很大程度上推动了我国经济的发展。本节对 PPP 项目财务管理与会计核算进行探究，旨在探索 PPP 项目在财务管理与会计核算方面的积极影响。

一、PPP 项目简述

（一）PPP 项目的概念

PPP 模式即私人组织与政府之间，为了提供某种服务以及公共物品，以特许权协议为基础，形成一种伙伴式的合作关系，为了使双方的权利和义务更加明确，需要签署相关合同，进而使双方的合作能够顺利完成，最终使合作各方达到比预期单独行动更为有利的结果。PPP 项目被广泛应用于公共基础设施的建设过程之中，这使得政府部门在进行公共基础设施建设中的融资效率低的问题得到了有效解决。PPP 项目产生于 20 世纪初期，但 PPP 项目在我国的应用较晚，直到近些年，PPP 项目才在我国的公共基础设施建设过程中得到广泛应用。

（二）PPP 项目的运行机制

PPP 项目的运行机制贯穿了整个公共基础设施的建设过程，它不仅可以在很大程度上降低工程项目的建设成本，而且是确保工程项目能够顺利开展的重要基础和前提条件。具体来讲，PPP 项目的运行机制主要包括定价机制、人才机制、法律机制、市场准入机制、管理机制，以及风险规避机制等。

二、PPP 项目财务管理与会计核算方式的研究

PPP 项目是指私人组织与政府之间的合作，即私人企业与政府公共部门进行合作，对项目资金产权进行重新分配，最终达到公私双赢的局面。就财务管理与会计核算而言，PPP 项目中的资金流动，可以作为财务管理工作中数据的物质表现，并根据会计核算结果进行产权分配。这可以对公私双方的产权进行衡量，进而提升管理模式的科学性。

（一）PPP 项目与会计核算

会计的职能主要包括两个方面：一方面表现为反映职能；另一方面表现为管理职能。就会计的反映职能而言，会计工作可以为相关人员提供第一手资料，通过第一手资料可以准确、全面地反映出 PPP 项目的具体情况；就会计的管理职能而言，其主要表现在可以为项目决策者提供相关会计信息，进而使财

务管理工作可以具备更加精准、可靠的信息依据，进而实现了财务管理对经营单位的管理职能。PPP 项目产权价值流动具有一定的灵活性，这使得 PPP 项目能够起到一定的实时跟踪作用，进而能够对各方投资者的产权归属进行分析，使 PPP 项目所涉及的政府、投资方、公共集体，以及债权人等能够得到相关的会计信息数据，并可以以此为依据对 PPP 项目的运行状况进行判断。因此，PPP 项目运行过程中的决策会直接受到会计核算的精准度以及财务管理质量的影响，并且会计核算也是 PPP 项目投资者、PPP 项目实施者，以及 PPP 项目利益者维护自身权益的重要方式。

（二）PPP 项目会计核算在各个阶段的应用

PPP 项目成立阶段要对政府以及各投资商进行产权主体划分，并且反映出主体经济的初步运行状况，以及各项会计核算目标；PPP 项目运营阶段，要注重收益分配问题，主要是特许经营权资产的转移与支出等，要依据特许经营权资产分配收益重置，以及划分后续支出；PPP 项目在移交阶段的主要工作内容是进行资产分类，使清算处理更加明确。应用会计分析对 PPP 项目的各实施环节进行核算，得出有关各个环节的数据信息，这些数据信息可以精准地反映出产权价值的流向，进而实现实物流动转向价值流动。在 PPP 项目移交阶段无需对项目进行会计处理，要遵照相关法律法规以及相关协议进行结算处理，这样才能为项目移交提供有力的保障。

综上所述，我国社会经济的发展使得近年来 PPP 项目在公共基础设施建设过程中得到了广泛的应用，怎样更好发挥出 PPP 模式的作用，逐渐成为人们所关注的重点。因此，我们应注重对 PPP 项目财务管理与会计核算方式进行探究，促进 PPP 项目的平稳发展。

第三章 管理会计的创新研究

第一节 嵌入区块链的跨组织管理会计创新

随着经济全球化进程的加快和新兴技术的快速发展，企业越来越重视跨组织的商业关系。企业行为外部性持续增强，战略联盟、合资企业、产业共同体等特定的组织间关系不断萌生，跨组织管理会计关注的对象从企业内部活动转向企业间活动，服务于跨组织整体的价值创造和竞争力塑造。区块链作为一种具有普适性的底层技术框架嵌入跨组织管理会计，将依托庞大的分布式信息网络发挥巨大的潜力。本节提出嵌入区块链的跨组织管理会计创新包括四个方面：主体结构和制度安排、嵌入区块链的成本协同管理、预测与决策分析、组织间合作的绩效评价。

当前管理会计领域具有很强的独特性和复杂性，业务数据处理难度高，中心化的业务架构和业务规则效率偏低，预算、决策、成本管控和绩效评价过于依赖企业自身的财务数据，以及过于局限在企业内部组织等问题，都在一定程度上阻碍了企业的发展。而在当今市场经济环境和新的企业管理环境下，智能化、数字化和网络化极大地提高了企业生产效率并降低了生产成本，重新构建产业链和供应链体系，加快金融、资本市场交易速度，提高市场资源配置功效，为管理会计的创新发展提供了广阔的空间和机遇。作为一项新型互联网技术，区块链凭借其分布式架构、去中心化、高度透明、不可篡改和可追溯等特性，迅速步入公众视野，在各行各业和实体经济领域不断开展各项应用以推动产业升级。管理会计未来的发展要为企业在生产创新、市场创新及组织设计创新等方面提供信息支持，那么以大数据为依托的区块链技术对管理会计体系的变革来说无疑是开拓性和创新性的。

此外，全球市场竞争的加剧和企业跨组织环境的发展，促使企业越发倾向于寻求不同形式的外部合作。诸如战略联盟的跨组织合作形式在新的竞争环境中具有独特的潜在优势，例如较高的柔性和适应性、能够有效降低风险，以及利于学习新的知识和技能等。显然，跨组织合作会进一步导致企业对相关数据的要求及对合作伙伴的信任问题日益突出，嵌入本质即建立信任的区块链将十分必要。可见，基于区块链技术的跨组织管理会计将是一个客观、透明的信息生产、传递和利用平台，支持跨组织的多方主体共同鉴别和确定价值驱动因素，借助区块链及时获取价值链上的经营活动信息、价值创造信息、企业盈利信息等，并据此进行组织经营活动的规划与管控。

一、区块链的技术属性及应用现状

（一）区块链的技术属性

根据工信部 2016 年发布的《中国区块链技术和应用发展白皮书》的定义，区块链是分布式数据存储、点对点传输、共识机制、加密算法等计算机技术的新型应用模式。换言之，区块链是一个没有中央控制点的分布式对等网络，是可以实现一组不可篡改、可追溯且值得信赖的数据库技术解决方案。在没有权威中介协调的情况下，区块链可以允许彼此不信任的人交换信息与价值。因此，区块链常常被誉为"创造信任的机器"。

目前，根据开发对象的不同，区块链技术有三种类型。一是公有链，即完全去中心化，完全公开透明，没有权限设定，节点可以随意加入或退出，任何人都可以读取信息并进行交易的区块链。例如，企业管理会计中生产、销售、业绩评价等基础性业务可应用公有链。二是联盟链，即部分去中心化，具有一定的权限设置，对一个特定组织开放，适用于多个成员角色共同参与、共同分布式记账的区块链。例如，企业管理会计中有限个参与者之间的战略联盟可应用联盟链。三是私有链，即集中控制，需要身份认证和权限设定，只对单独的实体开放，仅在组织内部使用的区块链。例如，企业管理会计中内部审计、战略决策等深层次业务可应用私有链。相比而言，公有链的开放性更高，数据完全公开透明，用户权益可以得到更好的保护；联盟链由多个中心控制，每个节点对应一个实体机构，基于共识机制协调工作，验证交易需联盟内部决定；私有链只需少量节点进行验证，交易速度快，交易成本低。

（二）中国企业基于区块链技术开展的具体实践

新兴技术需赋能实体经济才能创造价值。区块链作为一项重大的技术创新，不断从理论走向实践，聚焦其分布式架构、去中心化、去信任、不可随意篡改等特性，探寻真实世界的应用场景。近年来，网络的发展和科技的进步不断推动着产业升级，我国各行各业纷纷开始探索嵌入区块链的创新实践，在区块链应用领域不断迈出实践性的每一步。例如，中化集团已实现基于区块链的石油国际贸易。2017年12月，中化集团能源互联网小组应用基于数字提单和智能合约两大支撑、以透明高效和安全稳定为特点的区块链技术，完成从中东到中国的原油进口业务。这笔中国首单区块链原油进口交易，成功实现了交易执行效率的大幅提升与交易融资成本的有效节约。2018年3月，中化集团旗下中化能源科技有限公司继而应用区块链技术完成从中国泉州到新加坡的汽油出口业务。这笔全球首单有政府部门参与的区块链项目，不仅突破性实现了石油贸易区块链的场景落地，而且是全球首例在区块链中涵盖了大宗商品交易过程多方参与主体的应用，参与主体包括中化集团下属子公司、中国检验认证集团、海关、银行、船东及货代公司等。中化集团先后两次基于区块链技术开展原油进口业务和进行成品油出口交易，标志着中化集团在区块链技术领域的深度应用，以及在能源化工进出口贸易领域嵌入区块链的成功检验。值得注意的是，此次跨境交易的多方参与主体，尤其是海关在区块链网络的共同参与，进一步提高了时间效率及交易执行效率。此次跨境交易的数字化流程，尤其是各项合同、订单、票据、汇兑、监管等的数字化信息记录与流通，更是依赖于不可篡改与伪造的区块链网络，这进一步提高了各个环节的效率和安全性。

另一案例是四川长虹基于区块链的跨平台互联方案。2012年，长虹提出拥抱互联网的智能化战略与业务转型，下属子公司四川虹微技术有限公司提出"基于区块链的物联网跨平台互联服务"方案。总的来说，该方案共涉及五个类型智能合约的组合使用，包括物联网护照合约、激励规则合约、信任规则合约、平台互联合约和用户场景合约。该方案在以区块链为底层技术支撑的物联网环境下，构建区块链网络中不同平台和设备之间的信任关系，每个智能设备都将依据物联网护照合约得到一张"物联网护照"。如果用户需要设备跨平台互联，响应平台会根据互联合约为触发平台签发签证。每台设备都会由信任规则合约基于联动历史进行相关授权访问，每次联动操作的执行都将作为信用管理的基础和激励机制的依据，放入激励合约以保持平台之间的有机生态平衡。值得注意的是，该方案主要借助联盟链实现跨平台联动，即实现运营服务平台、监管机构和检测机构等多个主体之间的数据互联互通与信息共享。借助可编程和自动执行的智能合约，达成多个业务主体间的联动合约组合，即达成一系列各方意志公平体现并可安全有效执行的合约。

类似于以上的区块链应用案例，至少传递出两个方面的信号。一是区块链技术是大数据时代的新型互联网技术，体现的是一种全新的"分布式"思想，会给企业的经营和管理带来独特的技术支持，对企业重构价值流通链条，进而实现信息与价值的同步传输起到关键作用。二是理论界经常提及的企业管理会计常聚焦于组织内部的管理活动，而在区块链和跨组织关系的影响下，其定义边界越来越模糊，过于局限的概念内涵无益于管理实践。因此，企业跨组织管理会计理论与实践必须思考区块链技术带来的挑战与变革。

二、跨组织管理会计嵌入区块链的结构性挑战

在新经济环境下，基于技术创新的需求以及企业行为外部性的加强，源于外包决策、价值链分析和跨组织主体选择等的跨组织关系不断形成，企业间合作更多地体现在诸如战略联盟、战略网络、企业间合作关系、战略供应链等形式的特定组织关系间，而该关系往往建立在公平交易和纵向一体化的基础上。管理会计要为企业管理者组织、规划和控制企业的经营活动提供信息，在跨组织关系环境下，势必要将关注对象从企业内部活动转向企业间的活动。

区块链技术应用的标准化和平台化会引发跨组织管理会计的深刻变革。一方面，嵌入区块链的新型跨组织管理会计将具备两大特征。多主体业务交易、嵌入区块链的跨组织管理会计，将打破传统组织边界，表现为跨组织的不同参与主体之间进行的业务交易模式。基于信任的治理模式，区块链技术的智能合约功能能够促使交易的自动执行，且合约内容会在全网进行传播、备份与记账，提高信息的准确性和真实性。此外，区块链网络本身能够保障某个节点出现虚假信息时，立即被其他节点发现并排斥，由此有效解决各项业务往来中的信任问题。在发生管理侵占问题时，信任有助于提升合作各方的置信程度，降低机会主义行为。另一方面，嵌入区块链的新型跨组织管理会计将呈现出三大变化。一是去中心化。区块链技术采用分布式记账的表达方式，由大量均等的节点组成链条，实现点对点的直接交易。二是依托大数据。区块链网络中的各项信息均可转化为数字表达，呈现出依托大数据的背景特征。三是可追溯性。每一区块中所发生的每一笔交易都会完整记录并传播、备份到各个节点。这些信息被永久储存并可实时检索与追溯，极大地保障了数据的可靠性和信息的安全性。

关于跨组织关系和组织网络的理论研究，当前主要集中在四种主流观点：交易成本理论、资源基础理论、权变组织理论和社会资本理论。交易成本理论强调利用价格机制的替代实现交易成本的节约，以及参与跨组织合作的各方为防止其他方的机会主义行为而采取的自我保护措施。资源基础理论强调资源的稀缺性与重要性，强调企业通过控制资源来获得可持续竞争优势的途径。跨组织合作会涉及需不同主体共同完成的工作，进而会涉及价值分配问题。因此，需要一种确保联合产出价值得以合理分配的机制，各方的资源不同会导致分配

机制不同。权变组织理论涉及合作的多方业务主体，各业务主体之间共同确立工作模式会导致相互依赖性的产生，在涵盖大范围产品与服务的网络式合作关系中，需要遵循组织边界进行相应的协调与匹配，而协调与匹配问题随网络复杂程度的增加而加剧。社会资本是"嵌入在个人或社会所有网络关系中的、通过关系网络可以获得的所有资源的总和。"可见，社会资本理论包含网络联系、信任、合作和价值规范等关键部分。在网络式合作关系中，该理论不再局限于对物质资本和人力资本的分析，更多的是关注能够带来更大资本价值的信任、规范问题。

区块链技术的嵌入将极大地挑战着现行跨组织管理理论基础的整合。这些挑战主要集中于对跨组织管理实践的指导。这包括主体结构和制度安排的变化，嵌入区块链的成本协同管理，依赖信息共享的预测与决策分析，组织间合作的绩效评价。本节主要从理论服从于管理实践的立场，关注当前理论基础的局限性，研究嵌入区块链的跨组织管理实践创新。

三、嵌入区块链的跨组织管理会计创新要点

（一）主体结构和制度安排

传统的企业管理会计其内部组织结构，诸如成本中心、收入中心、费用中心、投资中心、利润中心等责任中心形成逐级控制、层层负责的矩阵式结构。中国人民大学阎达五教授曾指出，单个企业是集价值链信息和时间序列信息为一体的成本管理主体。但在市场化竞争不断加剧和跨组织合作的持续推进下，价值创造过程逐渐由组织内分工向跨组织的价值链分工转变。于富生和张敏进一步将价值链会计的管理主体扩展为具有层次性的核心企业和价值链联盟。此后，程宏伟等的研究引入模块化理论，依据企业在价值链中的分工，将会计对象定位于价值模块。嵌入区块链的跨组织管理会计正是趋向网络式和模块化的结构，是基于不同组织进行协调与合作的管理活动，突破了传统组织边界的局限，不再局限于单个企业的内部组织架构，而是扩展到有业务关联的跨组织的多个企业。如前述案例，中化集团在应用区块链技术的成品油跨境贸易中，交易链条上所涉及的子公司、海关、银行等，均构成业务交易的主体。因此，嵌入区块链后，各个业务主体都将作为一个分布式账簿，独立完成其任务。以不同区块为体现的各个业务主体之间也有相应的服务器负责记录与追踪，故跨组织管理会计和多主体业务交易模式将成为主流。

组织间的制度安排是保障跨组织主体间有序交易的基础。跨组织关系的基

本特征是组织间具有信任关系，这种信任关系的实现将在区块链网络中得到极大保障。签订正式的合同往往是进行跨组织关系管理和控制的必要途径，即通过制度安排减少过度竞争并推动组织间合作。智能合约以一种嵌入式程序化合约为形态，是区块链的核心构成要素。它是一种以数字方式进行谈判、验证和执行的计算机协议，是嵌入区块链的跨组织管控的有效信任机制。智能合约可以通过定义各方主体的角色和责任，以及提供强制执行的方法，为跨组织的各个主体之间提供一种事前管理的有效工具，实现高效的点对点交易及价值转移，对建立组织间信任机制、保证组织间信息沟通发挥一定作用。智能合约可以保证货币支付行为或资产转移行为等在触发预先设定的条件时自动执行。因此，类似中化集团所涉及供应链多方主体交易的成品油进出口业务，可以利用区块链的智能合约功能，实现交易的自动执行以及合约内容的传播、备份与记账，实现货物送达时自动付款行为的发生，实现对全链路物流信息的实时跟进。此外，嵌入区块链的跨组织管理会计不再是出资者与经理人之间的游戏，而是体现在多业务主体之间的责任安排。在以区块链技术为支撑的跨组织管理会计系统中，区块链的实时核算、高透明度和高流动性会制约各方群体间的权力平衡，一旦有可疑资产转移或存在利益冲突的交易进行，各个群体均会立即发现。若此，区块链将重构各方的信任机制。

（二）嵌入区块链的成本协同管理

以往管理会计通常只注意到可量化的成本动因来进行成本管理，但跨组织合作的推进和产品复杂度的提高不断昭示着成本管理所需信息的外化。诸如成本、预算、利润等传统会计类数字信息已无法满足成本的精细化和精确化管控。产品技术特点、客户需求、反应敏捷度等更为广泛的信息成为跨组织管理会计信息系统的新追求。成本管理的制度和方法，的确要适应社会环境的变化与科学技术的发展。组织间成本管理作为一种跨组织边界进行的、基于不同组织协调与合作的成本协同管理活动，在嵌入区块链的底层支撑技术后，跨组织主体之间以各自独立的区块形式存在，更易于结构化地协调供应链或价值链上的活动，进而将单个企业的成本管理拓展到这笔业务的各个交易主体之间，实行单项成本的规划与控制，使得供应链的总体成本最小。事实上，嵌入区块链的成本协同管理更多地体现为一种链式成本管理。它能够清晰地反映在供应链或价值链上，呈现出一笔业务或交易的总体成本在各个参与主体间进行的流转与分配。各个参与主体在区块链网络的信息共享也能够一定程度上削减成本，跨组织间信息交流的增加可有效降低时间成本和交易成本，实现有效的成本协同管理。

以前述四川长虹的成本管理为例，在基于区块链技术的跨组织管理会计系统中，第一，应分析累积顾客价值的最终商品的各项作业，配合作业成本法建立作业中心，企业的每一个作业中心都作为一个区块而存在。各个区块环环相扣，一项作业到另一项作业的转移，同时伴随着价值转移。这些作业活动数据将全部记录在区块链上，可供追溯与查看。也就是说，企业要先将目标成本分解到作业层次，通过组织内作业链改进，尽可能消除不增值作业来降低供应链成本。第二，通过区块链网络，追踪所有资源费用到作业，再到流程、产品、分销渠道或客户等成本对象，加强组织间作业链改进，获取全口径、多维度、更准确的成本信息，进一步改进增值作业，改造作业链活动，提高生产效率，增加顾客价值和企业价值。

（三）预测与决策分析

传统管理会计信息系统通常局限于企业自身，数据在跨组织的各个主体间不能互联互通、无法整合，因此并不能为管理者提供充分的关于是否与其他企业形成跨组织合作关系的决策信息。而上游供应商的成本信息与下游客户的需求之间存在一定的差异，导致了企业无法准确地知道各个产品的全部成本信息、利润流向信息和客户盈利信息。在跨组织合作的环境下，企业管理者为了识别与分析企业的经营效率，既需要本企业的各项数据，也需要其他企业的参照数据。在区块链网络中，一笔业务的多方参与主体均息息相关，所有参与主体的活动与资源均需纳入考虑。此外，在嵌入区块链的跨组织管理会计网络中，横向价值链管理对同类产品的生产在本企业与同行业竞争者之间的对比分析十分必要。基于区块链技术带来的公开透明的网络大环境，企业有机会通过链条获取到不同竞争对手的生产信息，从而克服生产限制，确定最优生产方案。可见，在以大数据为依托的区块链网络中，企业不再局限于依赖自身财务数据，如收入、费用、利润、现金流等对其经营状况进行判断，更多的是综合考虑与对比网络中其他区块的信息，以实现对企业自身的商业模式、核心竞争能力和企业持续创新能力的评估与把控。

正如前面提及的四川长虹基于区块链的跨平台互联方案，在联盟链实现跨平台联动，要涉及运营服务平台、监管机构和检测机构等多个主体之间的数据与信息共享。而要实现以核心竞争能力和持续创新能力为内涵的企业价值提升，四川长虹所做的预测决策分析将不仅依赖于一般的财务会计信息，而是更多地依赖产业信息、资本市场信息、货币政策信息、供应链上下游信息、企业战略规划、业务交易、成本效益、技术研发和人力资本等各类信息。显然，嵌入区块链的跨组织管理会计打破了各个独立组织间的信息孤岛弊端，且区块链网络环境使得企业能够以更低的成本、更快的速度及更具针对性的方式获得用于预测及决策的信息。利用区块链上的财务与非财务信息，有利于对价值链上下游企业与销售渠道的考察与重新选择，以及对同行业竞争对手的了解和把握，以降低相关成本和费用，提高资金周转效率，形成企业的核心竞争力。

（四）组织间合作的绩效评价

传统管理会计信息系统并没有给管理者提供足够的用于评价跨组织合作关系的信息，传统的供应链绩效评价多是从财务指标方面进行的。然而，跨组织合作关系超越了单个企业的组织边界范围，基于一个个相对独立的经济主体的组织内部所进行的传统绩效评价理念，难以为组织间合作的绩效评价提供理论支持。组织间合作的绩效评价包括两个维度：一是组织间合作创造的绩效；二是组织间合作为参与组织带来的贡献。而组织间的合作关系会受到跨组织的各个参与方之间的目标一致性、信任水平，以及资源共享程度等因素的影响，进而影响组织间合作的绩效。如果跨组织的不同主体在合作中面临组织整体利益与其自身利益相冲突的情况，基于交易成本经济学和代理理论，合伙人很有可能为了达成自己的某些目标，牺牲联盟的统一目标，有动机去欺骗和"搭便车"，从而造成组织间合作的协同效果降低。这种行为也导致了在传统的绩效评价中很难对各个参与主体做出合理评价和分配。

为了防止"搭便车"的行为，嵌入区块链的跨组织合作绩效评价成为必要。区块链技术高度透明的特性与共识机制的存在，将避免因信息不对称而导致的利益侵占行为的发生，维持双方或多方的信任关系，促进跨组织合作的协同效应。跨组织的多个主体在区块链网络中进行交易和开展活动，其实物或纸质材料将在采购、销售、服务等环节转换为电子信息，进行记录、传输、储存和备份，保障企业内部各部门间的信息共享及跨组织主体间的数据链接。此外，会计核算的自动化与会计信息的实时跟踪，保障会计数据的完整性与真实性，同时使得企业的有形资产实现会计的信息化。基于区块链的透明化操作可以抑制单个企业的投机行为，有利于对各参与方的实施成本、对组织整体的贡献等进行衡量，进而匹配成员组织的收益与贡献，实现对组织间合作的绩效评价的公允性。

区块链技术应该成为跨组织管理会计的技术支持。管理会计，尤其是管理会计实践，需要在充分考虑嵌入区块链的跨组织关系的基础上，基于大数据和信息化的背景，做出相应的思考与创新。因此，本节的研究结论有以下五方面。

第一，跨组织关系应用于管理会计实践需要考虑区块链技术带来的挑战与变革。目前，中国已基于区块链技术进行相应的实地应用，如中化集团基于区块链的石油国际贸易，以及四川长虹基于区块链的跨平台互联方案。

第二，嵌入区块链的跨组织管理会计中，传统组织边界被打破，多主体业务交易模式将成为主流，基于智能合约的信任机制成为新的制度安排。

第三，嵌入区块链的成本协同管理将在一定程度上消除不增值作业，有效降低时间成本和交易成本。

第四，在跨组织合作的环境下，区块链技术进一步打破企业的信息孤岛，实现价值链信息全透明，为企业预测和决策分析提供财务和非财务的各项信息支持。

第五，嵌入区块链的跨组织合作的绩效评价能够有效防范"搭便车"的行为，实现对各参与方的实施成本、整体贡献及各自收益间的公允衡量，保障组织间合作的绩效评价的公平性。

可见，区块链技术与跨组织关系成为管理会计发展与创新的关键，在主体结构和制度安排、成本协同管理、预测与决策分析和组织间合作的绩效评价等方面产生了深远的影响。

第二节　两岸企业价值创造与管理会计创新

管理会计理论的不断创新有助于企业价值创造。本文梳理了企业价值创造理论和现阶段我国管理会计的新发展，探究了企业价值创造与管理会计创新之间的关系，分析了管理会计在海峡两岸企业中的实际应用，并依此认为海峡两岸可以相互借鉴管理会计创新理论的运用，推动管理会计的创新，更好地为企业创造价值。

企业的生存发展在于价值创造，管理会计是实现企业价值创造的重要手段。2014年10月，我国财政部制定印发了《关于全面推进管理会计体系建设的指导意见》。管理会计理论不断创新，管理会计实践日益丰富。如何正确应用管理会计来为企业创造价值已经成为一个重要的话题。

一、企业价值创造与管理会计创新的理论发展

（一）企业价值创造理论的发展

企业价值创造研究源于学者们对价值管理和价值创造问题的关注。国外学者对企业价值创造的研究是从波特提出价值链理论后开始的，此后西方出现大量文献对驱动企业创造价值的力量、机制等问题进行深入的探讨。其中有代表性的理论包括波特提出的价值链理论，熊彼特提出的创新理论，以巴尼、贝特罗夫等为代表的企业资源基础理论和战略性网络理论等。我国学者也从多个方面研究了企业价值创造。蔡昌描述了价值创造的管理模式，把不易解决的企业价值提升问题借助容易实施的程序化步骤进行处理。张小宁将经济增加值细化为五个层次，分别从不同方面判断企业价值创造水平。别晓竹提出了企业价值创造能力的三维结构，从价值创造能力演化的角度解释企业获得持续竞争优势的内因。郭天明、宋常从不同角度研究了公司价值创造的驱动因素。姜东模认为企业是一个价值创造系统，价值的保值增值是价值驱动因素作用的结果。严复海和李焕生指出，价值创造是以企业价值最大化为目标的现代价值管理理论的核心。

（二）企业价值创造与管理会计之间的关系

我国很多学者都认为企业价值创造与管理会计有着密不可分的联系。潘飞、陈世敏等认为，企业如何正确应用管理会计来为企业创造价值已经成为一个重要的话题。胡海波和胡玉明提出，能否辅助企业持续创造价值是衡量管理会计工具有效性的一个重要标准。楼继伟认为，管理会计在职能定位方面，偏重于创造价值，渗透于企业管理的全过程。王斌等指出，现阶段管理会计的发展是利用资源创造价值的阶段。王棣华通过对比财务会计和管理会计，提出管理会计起到了桥梁作用，并降低了企业风险，为企业创造了更大的价值。张先治提出，管理会计有助于企业的经营决策和管理控制，企业的价值创造与价值实现离不开经营决策与管理控制，企业价值创造与管理会计密不可分。

（三）我国管理会计的新发展

我国管理会计从引进到现在有了较大的发展，学者们在吸收西方管理会计理论的基础上，结合我国实际情况，提出了一些具有我国特色的理论和方法。近年来，我国企业对管理会计的应用也不断增多，管理会计理论不断创新，管理会计实践日益丰富。在理论方面，我国比较重视管理会计基本理论、战略管理会计、成本管理等方面的研究。随着经济环境的变化，出现了一些新的研究

主题，如价值链管理、绿色管理会计等，更加注重整个企业的价值，以及如何与社会环境和谐相处的研究。在实际应用方面，初期应用内容比较广泛的有本量利分析、目标成本管理、成本形态分析等。进入 21 世纪，平衡计分卡、作业成本法、全面质量管理等现代管理会计的理论和方法，在我国也得到了初步的应用。随着我国企业内部控制建设的逐步规范，作业成本法、平衡计分卡的应用得到了加强。同时一些新的管理会计理论与方法有了一定的应用，如环境管理、业绩金字塔、协调供应链，以及产业集群等。

二、管理会计在海峡两岸的应用

近年来，海峡两岸越来越多的企业注重管理会计，结合企业自身情况应用管理会计创新理论。其中一些企业通过活用管理会计理论，成功为企业创造了价值，海峡两岸均涌现了一批成功典范。

（一）管理会计在台湾地区的应用

台湾积体电路制造股份有限公司（简称"台积电"）从无人看好到快速发展成为行业巨头，其对管理会计的善用功不可没。台积电的作业成本管理应用十分具有借鉴性，其在分析成本动因的同时，对产品采购价格、服务成本、产能管理，以及资本投入等方面都进行了相关性作业成本管理资料的构建，对每个要素进行最好的管理，从而进行精细化管理，大大降低了成本。同时通过成本系统的归集，形成成本结构构架图，方便为不同的顾客提供适当的咨询，十分有利于管理层做出正确的决策和战略安排。

台塑集团被称为台湾各企业集团的龙头老大，其独特的管理制度十分著名，不少企业都学习台塑集团的管理制度，其对成本管理的应用十分值得借鉴。台塑集团的成本管理采取其自创的"剥五层皮"的办法，对成本"追根究底"，详细分析成本、控制成本。同时，其还设置了多个成本中心，将核算单位划小，更加有利于成本的收集与分析。

汇丰汽车是台湾销量最高、获利最高的汽车公司。汇丰汽车的主要发展战略分为营业面、服务面、管理面。在管理面中，汇丰汽车将营运管理制度化，引入平衡计分卡，将管理全面信息化，打造"整合财会系统＋人力资源系统"的全面信息系统平台。汇丰汽车在执行平衡计分卡后效益显著，平衡计分卡这个区块帮汇丰赚了将近 100 亿元新台币（约合人民币 23 亿元）。

台积电的作业成本管理、台塑集团"剥五层皮"的成本管理，以及汇丰汽车平衡计分卡的应用都是台湾地区应用管理会计成功为企业创造价值的典范。

台湾地区除了以上管理会计应用的实例，还有很多企业积极应用管理会计来为企业创造价值。总体来说，台湾地区对管理会计的应用较为广泛，对业务预算、成本管理、资本预算，以及成本—数量—收益分析等管理会计方法的应用较为成熟。

（二）管理会计在海峡西岸的应用

近年来，海峡西岸企业也十分重视管理会计，一些企业善于利用管理会计为企业创造价值，管理会计的应用有所发展，尤其是在预算管理和成本管理方面取得了较大的进展。

在预算管理方面，海峡西岸近年来越来越多的企业已经或正在迈入全面预算阶段。其中上海汽车集团股份有限公司（简称"上汽集团"）"人人成为经营者"的全面预算管理实践，大冶有色金属集团控股有限公司包括了双闭环预算体系、预算主体向下延伸至班组、建立预算标准并形成定额库、对标找差距、超利分成的预算考核等内容的"五特色"全面预算十分具有代表性。神华集团有限责任公司经历预算管理植入、预算管理与管理控制系统融合、预算管理向业务纵深层次扎根、预算管理成为企业战略支持工具等四个主要阶段的预算管理意义构建模式。中铁大桥局创新性地将全面预算与财务业绩评价适度融合。这些都是海峡西岸走向全面预算过程中创新性的突破。

在成本管理方面，海峡西岸近年来加大了对成本管理的力度，企业对成本管理的应用更加深入。京东集团将成本管理紧密联系其采购环节—销售环节—配送环节—支付环节—反馈环节的价值链，对价值链的各个节点不断完善，全方位地降低企业成本。京东集团这种基于价值链的全方位成本管理模式是其成功的重要原因之一。同样借助对成本管理灵活应用为企业创造价值的还有美的集团。该公司通过拉通外销从订单到收款、内销从商机到收款、从采购到付款，以及计划到执行"四条业务线"，解决了供应链一体化的管理问题，打通了物流、资金流和信息流。除此之外，长江电工工业集团有限公司以"成本领先战略"为目标的标准化成本体系构建，长安汽车"七步骤"的作业成本法，以及重庆建设工业（集团）有限责任公司的工序标准成本管理应用等都是海峡西岸灵活应用成本管理的代表。

同时，海峡西岸在战略管理会计、绩效管理、管理会计信息化等方面也有一定的进展，但是很多企业在这些方面的应用还处于起步阶段，不如预算管理和成本管理应用得成熟。

三、推动管理会计创新，更好地为企业创造价值

从现阶段海峡两岸对管理会计的实际应用来看，台湾地区以及海峡西岸各有所长，但也有各自的不足之处。海峡两岸应该加强交流，相互借鉴，进一步推动我国的管理会计创新，更好地为企业创造价值。

（一）海峡西岸借鉴台湾地区对管理会计的成功应用

与海峡西岸相比，台湾地区对管理会计的应用范围更广。由于海峡西岸所处的经济环境与台湾地区有所不同，对管理会计的应用大部分是国企等大企业，一些小企业对管理会计的重视不够。台湾地区的管理会计发展较为成熟，大多数企业都对管理会计较为重视，善于用管理会计为企业创造价值。台湾地区企业对业务预算、资本预算、以及成本—数量—收益分析等管理会计方法应用实践时间较长，经验较为丰富，值得海峡西岸企业借鉴。而且由于台湾地区一些企业自由度较大，其大胆地实践管理会计，在实践的过程中摸索出适合自身企业的一些管理会计理论与方法，丰富了管理会计的应用，这值得海峡西岸学习。同时，台湾地区应用的管理会计理论与方法比海峡西岸更加多样，海峡西岸可以结合企业自身情况，对台湾地区一些应用较为成功的管理会计理论与方法进行学习，更加大胆地实践更多样的管理会计理论与方法。

（二）台湾地区向海峡西岸学习管理会计应用的经验

现阶段，海峡西岸企业对管理会计的实际应用大部分集中在预算管理与成本管理方面，对这两方面的应用较为广泛、深入。随着管理会计应用的日益广泛，海峡西岸逐步迈入全面预算阶段。另外，海峡西岸对成本管理的力度加大，一些大型企业将多种成本计算方法融合，以更好地进行成本管理。如上文提到的大冶有色金属集团控股有限公司"五特色"的全面预算，上汽集团"人人成为经营者"的全面预算管理，京东集团基于价值链的全方位成本管理，长安公司"七步骤"的作业成本法等都是其中的成功典范，应用较为成熟，经验比较丰富，十分值得台湾地区企业借鉴。同时，近年来海峡西岸管理会计发展迅速，对管理会计的应用范围不断扩大，也逐步开始尝试应用一些新的管理会计理论与方法，如在业绩评价、管理会计报告、管理会计体系构建，以及管理会计信息化方面有了一些成功的应用，台湾地区可以在这些方面向海峡西岸学习。

（三）海峡两岸共同进步，推动管理会计创新

海峡两岸对管理会计的应用各有长处，同时都有一些有待改进的地方。海峡两岸在管理会计的实际应用中，应该注意理论指导实践，并注重根据企业自

身实际情况和管理会计理论与方法的发展，对其所应用的管理会计理论与方法不断更新与调整，加强企业执行能力，扩大管理会计的应用范围，并更深层次地应用管理会计。同时，在管理会计的实践中检验管理会计理论，提炼一些成功的案例，发挥典型案例的示范带动作用。另外，海峡两岸管理会计的应用还处于较初级的阶段，对成本管理、预算管理方面关注较多，相对来说对环境管理会计、战略管理会计、管理会计信息化方面的应用较少，大多数企业过于重视企业短期内的成本控制以及内部控制，忽略了管理会计为企业创造长远利益与谋求更好发展的作用。海峡两岸企业应与时俱进，根据现今的社会环境、经济环境等，从企业长远利益与整体发展出发，将管理会计的应用上升到战略层面，更多关注环境管理会计和管理会计信息化等。同时，海峡两岸应该鼓励企业大胆尝试一些没有应用过或应用较少的管理会计方法与工具，如协调供应链、产业集群、关键绩效指标，以及商业智能等。

企业价值创造与管理会计密不可分，海峡两岸均涌现出了一批成功应用管理会计创造价值的企业。随着管理会计应用环境的不断变化，企业必须不断提高自身的管理水平，今后海峡两岸企业要相互交流、互相学习、共同进步，不断创新和发展管理会计，更好地为企业创造价值。

第三节　供给侧改革与管理会计创新

供给侧改革是结构性的改革，是经济发展新常态的重大创新，是推进经济转型升级的重大举措。它以"供给"优化"需求"，实现"供给"与"需求"的有机融合。管理会计是企业战略、业务、财务一体化最有效的工具，是供给侧结构性改革的微观基础。供给侧改革促进管理会计创新，管理会计创新发展为供给侧改革提供微观层面的实践支撑。

近年来，由于受到国内外错综复杂的经济环境影响，我国经济逐渐迈入新常态，即国内经济增长内生动力不足，产能过剩，有效供给不足，供需不平衡、不协调的矛盾越来越突出，主要表现就是供给侧对需求侧变化的适应性调整明显滞后。此外，中国暂时仍是一个市场经济体制不完善的国家，政府作为"无形的手"对经济的干预和管制较多。因此，一味地刺激总需求既不能解决产能过剩的问题，也无法克服供给不足的困难。实践表明，需求侧管理在短期内行之有效，但长期实施存在诸多问题。基于此，我国逐渐提出了供给侧改革的指导思想。不同于国外的供给侧管理，我国的供给侧改革能够在更大范围内采用财政政策和货币政策，强力推动各种灵活有效的政策工具，加快改革的进程，优化需求，进一步融合供给与需求的价值效应。

管理会计是指企业组织围绕信息支持系统与管理控制系统，为实现价值增值这一目标而开展的一系列管理活动。2014 年 1 月，财政部发布《全面推进管理会计体系建设的指导意见（征求意见稿）》，标志着中国管理会计开始向规范化、科学化的道路上推进，并为高水平、本土化的管理会计研究指明了方向。管理会计是供给侧结构性改革的微观基础，企业结构转型升级是供给侧结构性改革的重要部分。管理会计作为企业价值增值的重要管理工具，必然应首当其冲地适应供给侧改革要求。

随着大数据、云计算等高新技术的发展，供给侧结构性改革提出了更高更新的要求，传统的管理会计工具和方法已不能满足市场要求。管理会计必须紧跟经济新常态、供给侧改革等宏观环境，借助新技术新工具，适时进行创新与变革，从而促进企业结构变革，提高经营效率，增加企业收益。管理会计的变革与发展是供给侧改革的捷径。

一、供给侧结构性改革

（一）供给侧结构性改革的内涵

供给侧结构性改革最早提出于 20 世纪 70 年代，对经济发展十分重要。它主要基于需求侧管理，是一种新概念、新思路。需求侧源于凯恩斯提出的经济增长"三驾马车"理论，强调与经济短期增长息息相关的投资、消费、净出口。而供给侧的重点领域是劳动力、土地、资本和创新。供给侧改革以结构性问题促进改革，以改革方式推动结构调整，严格矫正要素配置不均匀的问题，确保供给结构可更好地适应需求变化，提高全要素生产率，推动经济社会可持续发展。供给侧改革理念的提出有着非常鲜明的时代特征，它是寻求经济新增长的新思路，其内涵是消除无效供给、扩大有效供给和提高全要素生产率。企业应当提高产品服务质量，扩大有效供给，发挥市场在资源配置中的作用，达到资源配置优化，营造公平有序的市场竞争环境，顺应供给侧改革有序发展，保证经济增速和社会稳定。

（二）供给侧结构性改革的重要性及经济意义

供给侧改革不是针对经济形势的临时性措施，而是面向全局的战略性部署。推进供给侧结构性改革，是依据我国社会经济的发展实践和国际政治环境的大趋势做出的重大战略部署，是我国"十三五"时期经济发展的着力点，是适应后国际金融危机时期综合国力竞争新形势的主动选择。供给侧改革体现的是创新驱动的内在要求。目前，我国大力促进供给侧结构性改革，持续提高供给的质量和效率，从而化解过剩产能，促进产业的健康发展。通过供给侧改革可以使劳动力、土地等生产成本在一定程度上减少，增加企业的竞争能力，提高其他生产要素的质量和数量。此外，应对供给侧改革进行定向调控，推动企业组织与制度的创新，提高现有的生产能力，刺激企业增加供给的数量。同时，供给侧结构性改革鼓励并引导了新兴产业的发展，扶持了短板行业，促使企业加强对员工的专业培训，在一定程度上提高了劳动力的整体素质。

二、供给侧改革对管理会计的影响

供给侧改革对管理会计的影响，主要是通过企业价值创造模式的变革对管理会计在企业价值增值中的地位与作用产生诱导，进而对管理会计的三大内部结构即价值增值、管理控制系统、信息支持系统产生冲击。

（一）对价值增值的影响

改革开放以来，我国的经济虽得到了长足的发展，但仍被锁定在低端的价值活动区域。党的十八届五中全会中指出，应进一步提高中国在全球产业链上的定位，对外优化贸易和产品结构，对内实现产业转型升级。管理会计应结合供给侧改革，强化供给端建设，从理论与实践两个方面实施功能结构的优化和升级。首先，应围绕企业消费拉动等手段改善企业自身的职能定位，引导各类消费向智能、绿色、健康、安全的方向转变，以扩大服务消费为重点带动消费结构升级；其次，提升企业权变性功能，提高资源利用率，为国家层面的供给侧改革提供支撑，化解管理会计价值增值中的低端化倾向，提升管理会计在企业价值创造中的地位与作用，实现最大限度的价值增值；最后，借助于创新驱动，大力发展跨境电子商务等基于"互联网＋"的新经济，转变传统财富观念，加快构建与新的财富创造价值体系相适应的管理会计"价值增值"目标体系。

（二）对管理控制系统的影响

围绕供给侧改革的新形势，管理会计的控制系统应强化产业结构的优化，从供给端重新审视管理会计的结构特征，实现管理会计的链式价值管理向"互联网＋"的网式价值管理模式转变。管理会计的控制系统应围绕"互联网＋""双创"（大众创业、万众创新）《中国制造2025》等管理会计的供给端管理创新，进一步与经济新常态的经营环境相适应。无论是宏观还是微观，创新驱动是发展的根本。因此，创新驱动是管理会计控制系统必须坚守的底线，应紧紧抓住供给侧改革的机会，结合国家的减税等政策修改或完善自身的管理会计政策与制度体系，努力转变观念，全面推进管理会计理论与方法体系在企业实践中的应用，并取得积极的成效。

（三）对信息支持系统的影响

传统的管理会计信息主要依赖于财务会计信息，缺乏灵活性、相关性，以及前馈控制。其预测过程的关注点是眼前的销售等收益状况，其管理方式是"推式"营销，长期经营中将致使企业面临严重的损失。为更好地适应市场与发展需求，应结合供给侧改革，积极调整管理会计的信息系统结构，主动与企业资源计划（ERP）、可扩展商业报告语言（XBRL）等管理信息系统相衔接，围绕价值管理或价值创造的供给端情境优化信息支持系统，提高决策支持的效率与效果，提高与企业实践的相关性及有效性。信息支持系统与管理控制系统进一步融合，开发并应用与"互联网＋"等相匹配的管理会计智能工具。"互联网＋"是产业发展的新引擎，以其为代表的大数据、云计算等是管理会计信息支持系统中的重要内容，强化大数据的收集、管理，以及借助于挖掘技术优化信息支持系统，为企业的价值增值创造新的动力。

三、管理会计在供给侧改革背景下的创新应用

供给侧改革是从结构入手进而强化管理的一种方式。管理会计的供给端管理就是要优化管理会计价值管理的结构体系，扩展"价值"的内涵与外延，强化管理会计的控制系统和信息支持系统。

（一）改革供给侧产业链，促进企业经济价值增值

目前，我国处于"世界工厂"的盛名之下，但从全球价值链来看，我国企业多处于中低端价值链区域，缺乏核心竞争力，国际竞争力和话语权亟待提升。党的十八届五中全会强调，应不断提高我国产业链的定位，促进产业转型升级。中央财经领导小组第十一次会议提出，应大力推动重点领域的改革落地，加快推进对经济增长有重大牵引作用的国有企业、财税体制、金融体制等改革。将供给侧改革的经济手段用于企业，能够有效丰富管理会计的价值内涵，并促进其向外延伸，同时也有助于改善管理会计价值增长的本质。管理会计应以增强经济可持续发展能力和提高企业核心竞争力为目标，通过企业的相关经营活动获取各项财务信息并加以深加工和整合分析，从而采取有效的策略控制成本，达到企业利润最大化与社会价值最大化的和谐统一。管理会计供给侧改革可借鉴微观经济学的概念，通过统计、分析和差异性对比，采用本量利、差量、增

量等分析方法，及时调整自身的经营管理策略，作出控制和防范决策，维护可持续发展，提高企业经济增加值。

（二）强化产业结构升级，完善内部控制创新发展

面对供给侧改革带来的机遇，企业应进一步促进产业的快速升级，以新产品、新技术、新业态、新商业模式，提高产业或是企业核心竞争力。产业结构的优化升级促使管理会计创新成为"新常态"，也促进了基于"互联网+"的网式价值管理模式发展，为管理会计的发展提供了新亮点。管理会计中的控制系统应不断优化其功能结构，明确其职能及作用范围，合理整合与创新管理会计技术方法，强调管理会计功能结构供给端管理，以便更好地为管理会计控制系统服务。

管理会计与内部控制的有机结合，能够提供满足管理者需求的各种信息，确保企业可持续发展。从管理会计角度而言，其能够发挥责任会计系统的监督实施作用，规划和控制企业内部责任，控制和强化供给侧改革过程中规避风险的能力，追求企业价值最大化。从内部控制角度来看，目标成本管理理念的加入，促使管理会计的预测更趋于合理。内部控制对于各种风险的评价和测定，有利于管理会计加大控制力度，采取有效防范措施。同时，全员参与式的内部控制能够促使管理会计有效、有序地贯穿于整个经营管理活动，实现企业的经营目标。

（三）引入先进营销理念，健全先进信息辅助系统

依据供给侧改革实际情况，适时调节管理会计信息系统结构，并将其与管理信息系统进行有效链接，将管理会计信息支持系统及管理会计控制系统有效结合，逐步开发管理会计智能工具。基于供给侧改革的管理会计信息支持系统应全面服务于经营管理，注重信息前馈机制效应以及反馈机制效应。前馈机制与反馈机制是相对而言的，既具有排他性，也具有相互依存性，两者于20世纪60年代被确立提出，因控制论及系统论等而快速普及，使得诸多学科与会计管理学科逐渐融合。前馈机制是对脱离规范的行为施以防范的途径，反馈机制是对脱离规范行为施以反作用的治疗性途径，并据此设置路径。实践中，应严格反向控制和把握，不断优化管理会计信息支持系统供给端管理，以便有效健全并进一步发展反馈机制于信息系统中的应用，并提高其职能作用。

第四节 基于阿米巴经营模式的管理会计创新

十八大召开以来，管理会计思维越来越受到重视，而蕴含着管理会计思维的阿米巴经营模式也被大多数人所看好。因此，多数企业也逐渐效仿该模式进行公司的管理。在这一方面，企业的首要任务就是不断激发和鼓励企业员工提升自己的专业素质，主动进行建设和改善阿米巴的经营模式，不断学习和容纳外国的具有创新性的管理模式，了解公司的管理要求，进一步改善管理会计的运用模式，达到公司长远发展的战略目标。

日本京瓷公司在经营过程中存在一定的问题，因而其创始人稻盛和夫提出了"阿米巴经营"来解决相关的问题。该经营模式为京瓷公司的成功经营奠定了基础。京瓷公司一共经历了四次经济危机，这些危机具有全球性，正因为运用了阿米巴经营模式才会让公司转亏为盈。由此可知，公司目前经营的重点就是强调管理会计的重要性，只有加强管理会计的建设才会使管理工作得到有效实施。新兴市场国家与我国在传统国际市场展开激烈竞争，使得一些竞争力弱的企业陷入利润下滑、效益不断下降的困境中。管理会计将责任中心划分为四个中心，而阿米巴经营模式则强调利润中心，因为利润中心不仅包含收入中心还包括成本中心，让各个部门充分发挥各自的作用，不会因为只强调收入或者只强调成本而使自己的责任不能充分得以实现。我国现阶段的公司管理可以借鉴该模式，该管理模式对我国企业有重要作用。

一、阿米巴经营模式概述

管理会计理念为阿米巴经营模式的形成做出了重要贡献。该模式是通过将公司进行划分而实现的，划分要考虑到公司的经营流程和依据产品消耗作业、作业消耗资源等理念。通过以下几点来实现阿米巴经营模式。第一，阿米巴经营模式提出的"以心经营""伙伴式经营"这样的战略思想，倡导"培养经营人员、全员参与经营"这样的理念，能够让全体公司成员都能发挥很好的管理素质和能力，充分调动职员工作上的积极性和竞争力。第二，按照公司的经营特点把公司分成不同的类型，再按照其不同的类型将公司分成不同的组织，该组织具有独立经营和自主核算的特点。这样分类的组织相当于一个独立核算系统，因为它需要核算明确的收入，和明确的相关成本。第三，推行"单位时间价值核算"体系，该体系就是衡量在单位时间中企业所能创造的附加值，组织内部还需要每天报告各成员的工作效率和每小时的产出，以及工作中所遇到的瓶颈和改善的建议。该体系是将每一个组织跟利润中心联系起来，将每一个部门收入与成本核算制度与市场的核算相关联，并自始至终贯彻"低成本、高效率、创造利润最大化"的原则。

二、管理会计下的阿米巴经营模式

（一）售价还原成本法

阿米巴经营模式运用了售价还原法。当市场价格出现变化时，各个阿米巴就会传递即时的信息，各阿米巴内的员工就会使用各种方法来应对市场价格的变化来降低成本，在一定程度上降低企业的风险。在变动的市场环境下，企业无法控制市场价格，但是可以控制的是可控成本。企业的售价还原成本如果比平均市场水平低，这个企业的报酬率将高于行业平均水平，这种情况下企业的竞争力就能很好地表现出来。运用这样的方法能够体现出的优势包括一直基于变动的环境市场，全面体现了外部竞争和市场需求这样的考虑，而且充分将边际利润考虑到企业的必要生成的条件中。

（二）单位时间核算制度

阿米巴经营模式在绩效考评时使用了单位时间核算制度。该方法简单易懂并且容易实施，它的计算过程比较单一，其计算过程不会随着市场经济的变化而变化，因此能够在一段变化的环境中进行统一的绩效考评。单位时间核算制度可以通过下面公式进行计算：该阿米巴生产总值－人工成本以外的总费用＝阿米巴总附加值；阿米巴总附加值／该阿米巴总劳动时间＝阿米巴单位时间附加值。资本成本重点关注的是其责任中心，也就是利润中心，阿米巴经营管理的中心通过单位时间内的核算制度来体现。改善阿米巴单位核算制度的方法有增加阿米巴的利润、减少时间和降低成本等，进而提高了单位部门的工作效率。这种核算方式是基于每个阿米巴下的利润和成本，因此管理者可以更好地核算每个产品的成本，找到准确的成本动因，从而制定更好的生产决策来降低成本。企业的附加价值还可以通过单位时间核算表的计算体现出来。企业员工可以通过单位时间核算表清晰地了解自己所在部门对社会做出的贡献，借助此方式可以使员工工作态度更为积极，同时可以加强员工自身的企业责任感。

三、管理会计中阿米巴经营模式的创新措施

（一）以利润中心为基础进行创新

一提到企业建设管理会计的创新思路，就能够想到的是需要把它拆分为各

个不相同的利润中心这一方法。但是用这种方法进行拆分，还需要进一步对价值的附加部分重新计量，也就是说对于提高了企业价值的部分。例如制造业企业中，对于生产产品这一项目，在原材料的采购环节上，不应该只考虑外部的购入，还应该利用上一道工序生产的产品，将上一个流程与当前流程两个部分在市场环境中体现出来，并且与之相吻合。这就体现出划分利润中心的作用，能够使企业的价值进行提升，进而使生产环节能够跟得上市场环境的变化，运用多种效益组织的方式减少风险出现。这是为了更好地规避风险，同时为企业健康运营提供良好的条件，这样企业的风险就能够更好地得到控制。

（二）责任中心与资本成本

1.明确责任中心

企业的责任中心指其所承担的某些经济责任，并掌握企业内部单位的权力。在制造业中，一般研发部重点承担设计以及规划环节的工作，使得研发成本远远超出该部门所能承受的范围，并且产生了大量的研发费用。与此同时，研发部门在提升产品的性能和技术上，会对制造部门提出过于严格的生产标准和过高的生产要求，这种情况下很可能会使企业的生产经营超负荷运转。在企业的经营战略中，没有很好地对制造部门进行合理的规划与更深的了解，这将会导致制造部门与研发部门不匹配。在这种情况下，运用相互购买模式的公司内部部门，增强了技术部门敏感的环境市场变动和节约成本意识。因此，部门运用模拟市场交易购买的模式，来真切体会市场环境的变化。

2.明确成本的划分

管理会计所体现的不足在阿米巴经营模式下得到了改善，例如只关心短期利益和缺乏长远投资眼光的情况。目前很多企业缺乏对成本定义的意识，成本的范围很广泛，不但是计入产品成本中直接的制造费用和人工成本等，还应该考虑到间接成本的产生，例如应收账款、生产机器设备的使用等各项利息费用的支出。

（三）单位时间促进利润效率提升

当公司效益上涨时，管理会计重要的建设目标是提升效率。采用单位时间核算利润中心效益，可以有效预防部分问题。例如员工多、加班多等因素导致的对效益审批不平等现象，可以体现利润中心效益的公平性特征。通过在利润中心绩效考核方面使用单位时间核算理念，可以准确及时地找出效益组织及自身存在的不足，并提出具有针对性的优化措施，增强市场环境的适应能力，应对每个环节需求，可以使企业向着标准的趋势有目标地前进，从而让企业的自身价值得以实现并更加长远发展。

（四）改善企业的经营管理

对于企业自身的会计核算应主要被管理人员所掌握，并且及时掌握财务报表的数据反映，需要将阿米巴的核算保持平等性，并且有很高的准确性。只有阿米巴核算的清晰化、透明化，企业人员才能全面掌握阿米巴经营数据具体核算的结果。为使得企业长远的发展目标可以更好地实现，相关部门之间要保持着密切的联系，管理会计员工也应及时明确自身的责任。

在每个阿米巴物资流转中购销是一种重要形式，这代表了两个阿米巴之间的关系。通过企业工序的单位时间标准和销售过程中提供给客户的最低价格来确定购销半成品的定价。阿米巴经营的管理和建设重点是要将客户放在首要地位，始终以客户为中心，运用内部订单模式将资金进行很好的流动。通过这样的不断优化，销售部门就实现了佣金的收集。

由此可见，经济的迅速发展受到全球化的影响，企业之间的竞争只会越来越激烈。阿米巴经营模式已广泛地运用到企业管理会计中，但是有必要进一步明确阿米巴经营模式与管理会计创新之间的关系，不断与时俱进、开拓创新，要提高对利润中心的重视程度，促进企业经营活动的顺利进行，认真研究其体现的高效、科学的管理会计理念。现今，企业的首要任务就是不断激发和鼓励企业员工提升自己的专业素质，主动进行建设和改善阿米巴经营模式，不断学习和容纳外国的具有创新性的管理模式，了解公司的管理要求，进一步改善管理会计的运用模式，达到公司长远发展的战略目标。

第五节　石油企业管理会计的创新

石油企业多数为国有企业，在市场经济体制不断完善的情况下，石油企业的发展与管理会计的应用越来越融为一体，使企业克服了诸多的市场压力，优化了企业的内部管理，提高了企业效能和市场竞争力，使石油企业实现了可持续发展。本节简述了石油企业的发展与实施管理会计的关系，分析了多数石油企业应用会计管理的现状，针对存在的不足和问题，提出了发展思路。

在全球经济一体化发展的进程中，我国的石油企业参与国际市场竞争的深度和广度越来越大。由于起步晚，设备技术相对落后，与发达国家的石油企业相比，我国企业管理也存在着许多不足，市场竞争力逐渐捉襟见肘，一方面不断增加资源消耗，随着油气矿藏埋深的加剧，企业生产需要的能源供应压力与日俱增；另一方面沿用原来的管理和生产设备工艺，工作效率低下，石油产量每况愈下，石油企业的发展遇到了前所未有的巨大挑战。开采产量红利时代一去不复返，新时期的石油企业要实现可持续发展，必须在引进高新技术设备的同时，强化内部管理，通过运用管理会计等手段，不断提高市场竞争力，适应发展环境，拓展发展空间，占领发展市场。

一、石油企业应用管理会计的积极意义

顾名思义，石油企业的管理会计与财务会计比较，其区别就是工作目标和职责不同。管理会计主要围绕石油企业的发展战略和效益目标，在决策、编制企业有效信息、制定管理目标等方面发挥作用，为石油企业的决策层提供相关资料依据。新时期，石油企业不断扩大经营规模，按照现代企业管理制度进行经营机制的完善和重组改造，逐渐形成了集团化管理模式，管理会计发挥的作用非常明显。一方面，管理会计能够对石油企业现阶段的经营状况进行综合评价，掌握市场动态，为石油企业科学发展的经济决策提供依据；另一方面，管理会计还能全面评估石油企业的生产及经营过程的优劣势态，利于企业及早通过编制预算，搞好成本控制，实现降耗增效，稳定企业经营效益，因势利导，更新管理，完善经营办法，实现石油企业的精细化和现代化管理。鉴于目前石油企业的发展需要和市场竞争环境的需要，企业要注重应用管理会计，使其发挥企业管理中的职责作用，提升企业管理水平，促进石油企业实现可持续发展。

二、目前石油企业应用管理会计中存在的问题

（一）管理会计人才占比偏低，素质能力不高

在企业的发展过程中，决策层对管理会计在企业经营管理中的作用已经广泛认可。可是，在现实工作中，管理会计与财务会计相比，严重缺编，根本不能满足岗位需要。同时，多数管理会计的学历不高，大专以下学历的管理会计占总职位人数的绝大多数，很多人不能完全胜任岗位要求。而石油企业由于这样那样的原因，在管理会计人才招聘和队伍素质的培训方面存在着严重不足，表现在经费不足、组织形式不科学等等，因而收效甚微。人员少，不能满足岗位需求；素质低，不能胜任岗位要求。这种现状，严重制约了石油企业的发展，降低了企业市场竞争力，使石油企业推行现代企业管理制度方面受到了挑战。

（二）管理会计不能更好地发挥职能作用

管理会计突出的职能就是发挥管理的积极作用，我国的石油企业都是由

计划经济时代行政管理的钻井队转制而来。在市场经济条件下，石油企业从钻井发展到物探、钻井、开发、炼制、销售等一个庞大的产业链，而管理会计在企业中的应用仍然局限于内部管理，不能与市场环境完全对接，难以全面掌控整个石油产业链的发展动态，因而不能较好地发挥其职能作用，制约了管理会计在企业发展中的积极作用的发挥。管理会计的应用作用不明显，一定程度上影响了石油企业管理层注重管理会计应用的决心和具体的实施，形成了负面效应。

三、石油企业应用管理会计的实践创新思路与发展

（一）积极引进尖端专业人才，搞好岗位培训，优化队伍素质

石油产业链较长，企业规模较大，一般都是经营集团，企业管理会计的岗位多，要想使其发挥应有的作用，就要在积极引进尖端专业技术人才的同时，搞好岗位培训，打造一支素质过硬的管理会计队伍。一是引进一流人才，带一流队伍。石油企业针对发展需要，需着实引进实践能力和专业素质较高的管理会计人才，使其作为带头人，做好企业管理会计的以岗代训工作，提升企业整体的管理会计队伍素质。二是加大继续教育的投入，企业定期选派部分管理会计到高校或者社会培训机构深造。三是组织管理会计定期开展工作研讨，针对企业部门及其子公司控制管理、审查监督方面的统筹管理与沟通协调进行实践创新探究，不断强化目标意识，提高队伍素质，使其更好地发挥职能作用。

（二）提高管理会计数据化建设水平

新时期，石油企业管理会计的数据化建设应运而生，需要建造平台，提高共享能力。因此，石油企业要增加投入，实现企业财务管理的数据化，建设财务管理数据库，使企业各个部门及其子公司能够实现信息共享。通过引进软件管理系统，提高会计管理的效率，强化会计管理的职能，最大化发挥管理会计的作用，增强企业的市场竞争力。

在信息化的背景下，石油企业管理会计的发展思路要不断创新，从高科技专业人才的引进，到管理会计队伍素质的提高，以及网络化、信息化建设等等，使管理会计应用发展到了新高度，实现了企业经营管理的大数据化，为石油企业的可持续发展奠定管理上的基础。因此，深入开展石油企业管理会计的创新思路与发展的研究探讨很有必要。

第六节　数据驱动时代的管理会计创新

处于数字化时代，技术创新迅猛发展，数据驱使下的管理会计发展态势更值得关注。管理会计学科的不断优化，及其理论与实践的创新，为企业管理提质升级提供了基础保障。充分利用信息技术与数据分析，带动企业产生质的飞跃，前提是充分认识企业管理会计发展现状，了解大数据技术对管理会计的影响，设立创新的信息技术管理模式，从而提高管理会计信息化程度，以尽快实现管理会计战略目标。

管理会计主要指通过管理创造价值，在企业的风险预警、预算控制、前景预测等过程中发挥重要作用。作为财务会计分支，管理会计能够为企业经营决策、管理等提供价值信息。因此，财务会计的规范性，直接决定了管理会计的作用发挥。围绕企业实际情况出发，借助全员力量，是应对数据驱动时代企业管理会计创新、转型的关键，以带动企业可持续发展。

一、数据驱动时代管理会计创新的意义

管理会计在企业现代化发展中的作用越发突出，是提高企业内部管理水平、财务预算能力、外部经营效率、资金运动能力与市场占有率必不可少的。数据驱动时代的管理会计工作，可稳定企业人力资源基础，应对消费者、客户的效果更加理想，能够与市场形成互动平台，提高主体信息传输的效率与安全性，更利于企业挖掘潜在客户需求，全面了解企业生产与管理现状，从而实现企业资金合理利用，以及财务规范管理。企业借助云技术、互联网技术等，能够带动管理会计体系的优化，提高会计人员的业务能力与综合素养，使其知识结构体系更加完善，从而为企业长足发展助力。

二、数据驱动时代管理会计转型存在的问题

（一）信息安全隐患

企业发展离不开市场信息的收集，信息内容涉及发展规划，以及客户等核心信息，信息一旦泄露，会使企业出现严重的经济损失，甚至是致命性的打击，如客户信任度降低、企业形象降低等。

（二）信息处理难度增加

数据驱动时代的信息发展迅速，数据动态性变化特征越发明显，企业整理庞大数据量的难度与强度悄然发生转变。管理会计虽然能够筛选冗余数据，精

选出价值信息，但信息收集、处理技术相对滞后，数据模型体系、信息系统的完善程度，以及数据筛选成效等，严重落后于数据变化速度，导致数据分析结果缺乏真实性与实用性，尤其是在企业经营决策中的应用价值不断降低，综合竞争力不断下降。

（三）人才储备不到位

数据驱动时代下的企业管理会计创新，对人力资源基础要求较高。但实际上，企业管理会计专业人才相对缺乏，从业者的法律、审计、金融等学科综合知识，宏观决策能力与计算机网络技术掌握相对欠缺，导致企业管理会计工作发展停滞不前。究其原因与大数据技术应用，以及人才培养意识落后有关。

三、数据驱动时代管理会计的创新对策

（一）强化管理会计安全性

在数据驱动时代，企业稳定及其规范的内部管理，是管理会计工作成效提高的重要前提，并能提高会计整体的时效性、安全性。借助互联网云技术，提高数据处理质量与效率，与信誉和实力俱佳的客户制定长期合作发展关系，本着安全合作的原则，合理选择合作对象，同时做好事前的调查工作，有效规避企业安全隐患。互联网开放环境中信息安全风险高，企业的管理会计工作，应当加强防御体系设立，利用防火墙、数据加密技术、权限访问等方法降低数据传输风险。数据加密处理由专人监管，确保数据收集处理成效。积极围绕企业发展战略目标，制定行之有效的发展对策，切实提高会计信息的完整性、安全性。充分发挥管理会计的作用，如风险预测、过程控制、预算控制等作用，确保资金链的合理周转，并尽可能降低人文风险因素影响。

（二）加强管理会计信息化建设

在管理会计实践中，应当加强财务管理软件的应用，以及软件功能的开发利用。如企业资源计划系统，应当加强系统的升级，缩小其与国际化管理软件间的差异，包括实践模型、工具方法、理论知识等。不断拓展财务管理功能，填充内部财务信息，如税收、市场等信息，实现多方面信息整合，为管理会计模式转变，以及系统应用成效提高提供基础保障。企业资源计划财务管理系统，涉及销售管理、人力资源管理、固定资产设备管理、总账管理与财务分析等功能模块，为企业管理会计升级奠定了基础。

数据驱动时代促使财务转型，面对这种形势，应当加强企业战略承接，设

置专业、业务与共享的财务格局，挖掘财务人员潜力，发挥其专业优势。基于专业财务角度分析，主要通过设立流程，以及优化标准，以驱动业务拓展价值。基于业务财务角度分析，尤其是融入业务单元的财务人员，应当与业务人员加强协作，通过调配资源，或是显差等措施，达成业务单元目标，切实向业务驱动，以及领导行业方向迈进。基于共享财务角度分析，为设置规范化的管理业务流程，需要合理运用会计语言。同时还需综合评定项目资金，以及经营生产活动，了解创新点与改进项，确保数据合理应用。除此之外，还需通过互补等方式，实现数据资源整合，以分散形式分析数据资源，带动信息管理系统完善。作为管理会计人员，应当能够为企业制订行之有效的生产销售计划，确保数据整体应用价值，以及资金的合理流通，切实发挥管理会计引领作用，带动企业创新化发展。推行平衡计分卡、全面预算管理等工作模式时，财务管理部门应当加强引导。协助其他部门做好财务数据调查、收集与处理等工作，设立分析模型，加强信息化建设、维护，实现管理信息共享，利用资源管理系统、办公自动化系统等工具，提高企业应变能力。

（三）加强人才建设

首先，作为管理会计工作人员，应当积极转变责任理念，同时应具备一定的创新意识，尤其是领导层、管理层，应当加强对管理会计创新的关注，在日常经营管理中，贯彻执行大数据管理模式。同时要求从业者，不断提高自身的修养，转变各部门的会计观念，切实提高企业管理会计的地位。在管理会计实践中，还需加强业务范畴拓展，灵活使用软件工具、大数据思维展开管理会计工作，有效解决企业发展难题。其次，加强管理会计团队设立，积极聘用高素质人才，要求其熟练利用计算机网络技术，从庞大的数据量中提取价值信息，为企业决策提供价值依据，从而带动企业管理工作规范化与创新化展开。除招贤纳士外，还需加强培训。为人才提供晋升、评优等发展空间，或是请专家介入指导，组织开展研讨会、交流会等，或是鼓励优秀员工进修学习，不断提高自身的综合素养。企业培训应当注重因人而异，尤其是非管理会计专业者，以及新入职员工，制订差异化、层次化的培训计划，完善其知识结构体系，提高其业务能力与综合素养，从而轻松应对岗位工作，实现日常培训常态化，确保员工身心处于最佳工作状态，全面提高其工作成效。

改革开放以来，企业开展管理会计工作越发成熟，实践经验不断积累，应对数据驱动时代的改革创新发展更加自如。但实际上，取得理想成效的企业微乎其微，社会发展环境改善的同时，还需企业加强创新能力，不断提高管理水平，切实发挥管理会计职能与作用。在实践摸索中实现管理会计创新，以有效应对企业在经济转型升级中的问题，从而带动企业健康发展。

第七节　旅游集团管理会计的创新

管理会计是将企业相关的会计数据进行核算统计并且同企业的管理分析实施进行结合而形成的新型会计工作类型。管理会计主要是针对现代企业在内部管理进行的市场预测、需求分析、企业决策、市场问题研究等相关方面的需要而出现的，把企业在日常进行管理决策所需的一系列数据分析引入会计工作相关内容当中，能够让会计工作更全面地支持企业的重大管理决策活动，从而极大地改进会计工作中所发挥出来的功能性与服务性，进而能够使企业的决策者作出更加科学合理的经营管理决策而提供专业的会计服务。本节选取了旅游领域的实体企业当作研究的对象，以管理会计作为研究的切入点，系统地阐释了企业关于会计制度建设的诸多方面问题。目标企业湄公河旅游集团大胆进行管理会计创新，并且借鉴相关旅游领域中先进科学的管理经验，导入精益理念，从而实现了企业管理工作的现代化转型升级。本节以湄公河旅游集团作为研究对象分析管理会计在创新方面所遇到的实践问题，从微观角度系统分析了管理会计日常经营中工作模式的转变对企业而言所展现出来的非常重要的作用与企业发展的意义，并对企业在会计工作改革上需要注意的一些问题进行了研究。希望湄公河旅游集团的理念和做法能够给相关行业今后的发展过程提供一些启示和借鉴。

一、旅游集团管理会计创新主要做法

（一）优化预算体系，实现管理现代化

企业想要更快更好地发展，最为关键的一项内容就是企业的组织结构的调整是否科学。通过在企业的经营管理理念、业务流程与内部组织结构上实施一系列优化调整，可以全力推进集团的管理体制改革，从而使得企业得到更快更好的发展。

企业要先从管理的理念层面上着手去寻找相应的解决方案，通过进行多方考察和调研，认为阿米巴经营理念及管理方式与公司现有的模式基本接近，可以作为学习和借鉴的典型来推广。阿米巴经营模式是日本经济领域经营管理学知名人士——稻盛和夫创造的现代企业经营管理模式。阿米巴现代企业经营管理模式主张在企业当中任何基层员工都是企业构成必不可少的一部分，任何基

层员工在企业的构成当中都起到了非常重要的作用，因而企业的管理要具体微观到最小单元，将整个企业分解为具体到微观层面的许多个小型组织，每个组织负责特定领域的经营管理工作，同时也是企业的最小组成部分，负责微观层面的经营与利润实现。集团从自身经营的实际出发，根据自身发展的特点构建形成了"精益小组经营制"的管理体制。这也就是说要根据企业经营业务的特点，将集团划分为多个最基本的经营单位，每个经营单位选一名负责人作为组长，然后将全集团的经营任务科学合理地分解到每个经营单位中的各个小组，每个小组的负责人各自全权负责自己职责范围内的各种经营管理工作，每个小组全权负责某一部分单元的小组任务。

同时，在经营业务的流程方面，企业将预算控制方案的目的明确对接到资源的优化配置层面，从而在一定程度上有力地促使集团预算系统在实际应用方面做到了精准性，进而提高了集团预算管理效率。

（二）加强创新性方法建设，实现会计经营化

企业运用会计目标管理的理念，引入会计经营化的管理制度，会计部门负责制定出相关可行的目标，使每位财务人员能够根据自身能力在大目标背景下制定出适合自己的小目标，单位也能够开始新目标的循环管理。企业还通过集团的运行进行会计目标的下达，将集团目标任务分配给企业中的微观单元分别各自负责具体目标的会计按计划执行，以及后期对目标指标的核算与完成。按照信息化的方法对具体目标的会计计划进行考核，同时将个人的工作业绩分别汇总为"考核表"和"份额占比表"，从而科学地明确个人具体的工作业绩。这样通过把整体的企业目标依据会计管理体制进行分解，将具体的任务目标分配到微观层面，通过会计制度向各个具体任务个体进行下达，并以系统化的会计管理体制就微观目标的完成情况实施监督控制，形成了以会计系统带动全局整体的良性发展，由整体的目标任务分解到微观的个体，并且围绕会计系统科学完善构建出经营管理新的格局、新的运营管理模式。这能够便于企业制定的目标通过科学合理地分解而得到有效落实，并具体落实到微观单元的具体层面，从而使得企业中的基层单元在落实具体目标任务的过程中也得到了锻炼发展，有了一定的管理经验。这样能够更为有效地规划企业自身的发展及目标，进而以其个体的蓬勃发展影响到整个集团整体发展，也能够为集团未来发展指明前进的方向。

（三）管理会计多方位创新发展，实现集团收益最大化

企业不断总结归纳管理经验，只要能够通过管理会计的相关报告体系、业

绩评价等为战略提出有益的建议，就可以将管理会计、财务会计、成本会计纳入具体的战略制定考核方案中；从这个管理的过程中发现存在的问题、经营管理的规律和隐藏的巨大商机，及时调整企业目前的销售策略和现有的市场价格，从而更好地实现集团收益达到最大化。

（四）引入"提案改善"措施，实现管理会计作用有效发挥

企业传统沿用的管理会计非常注重对企业已经发生过的业务进行成本管理，从而提高企业的经济效益。企业也会根据已经发生过的业务进行会计核算和成本控制，但是企业对已经发生过的业务进行会计核算和成本控制的这种模式理念对企业未来成本的可控性和可预见性都达不到很好的效果。通过对企业进行深入细致的调查，仔细研究成功企业的运营模式，并同时对多家已经实施了这种管理会计改造的企业进行实地调查研究与分析后，发现通过引入会计工作的"提案改善"措施，能够有效发挥管理会计所具有的科学分析作用，并且能够更好地为企业的精细化管理提供良好的会计服务，因而企业能够将这一成功经验引入到企业日常的管理会计制度建设当中。设立"提案改善"的会计服务活动，构建专门人员负责会计工作的"提案改善"分析与决策会计服务，同时对企业进行必要的组织调整与责权分配，使得管理会计的职能获得了更好的发挥，并构建了配套的绩效管理与制度保障措施，完善了有关的管理体制。企业通过实施了会计管理模式更有利于更快更好发展，拓展企业的经营业务范围，对未来企业扩大规模奠定坚实的基础。

（五）科学实施任务分解，实现目标任务的合理传导

要怎样才能做到调整结构、开拓行业市场、研发创新产品、提高服务质量、扩大销售规模、降低资源消耗，争取获得最大的效益，这些是企业在经营战略方面必须要进行充分考虑的问题。而具体细化到企业日常运营的微观层面，虽然并不需要考虑前述的这些全局性问题，但在任务计划落实的执行上要保证和全局性方针的高度契合与协调，这样才能使得企业的运营具有较高的系统性与协调性。这需要对集团制定的任务深入地了解以及科学地实施集团任务的分解，把整体的目标通过企业的会计系统与管理系统，分级逐项落实到各个小组层面，并通过各个小组对所分配的任务进行贯彻实施，才能有效地保障企业的整体计划与微观工作的高度协调性。企业通过设立精益小组的微观单元，并通过企业集团任务目标的层层分解，将制定的企业集团任务目标逐项落实到每一个小组层面，通过集团会计系统进行小组微观任务的下达，让各个组在工作任务的分配上更加科学合理，并能够同集团的整体目标保持更高的契合度。通过

在集团当中构建小组经营制度，能够使企业把集团目标以最小微观单元为基础实施层次方面的分解，然后全面构建以部门为单位的目标任务负责制，通过企业的会计系统负责监督落实。这样才能充分使企业对于整体目标的执行落实更加有效，从而有效地提高企业在日常运营管理过程中的效率，并让企业的会计部门充分发挥其对经营管理的目标管理决策服务职能。集团通过细分整体目标，能够让企业的集团目标分为十一个微观层面的利润目标与五个费用目标，并将企业的集团目标再分配给不同的部门单元进行完成，每一个单元都负责相应的任务。同时通过会计系统进行目标完成情况的监督与进度管理，在任务范围内赋予每个小组充分的管理自治权，使其对业绩结果承担共同的责任。这样通过把企业的集团计划目标进行层层分解，并落实到小组目标上，然后制定微观层面的控制措施同企业集团计划相吻合。这样可以形成系统化的经营管理方案，并实现企业集团目标任务的合理传导，从而让集团的计划得以在每一个最小单元中得到有效的贯彻执行。

二、精益小组经营制管理模式的效果及推广

尽管不同的企业引入实施管理会计工作的过程中在方向与目标上依据企业事务情况的不同而存在一定的差异，不过都需要企业构建有效的信息系统给予支持、领导层的大力支持、内部组织的协同运作和企业文化的强烈认同才能实现。目前管理会计对于集团企业而言，既符合集团系统化管理的需要，也同时满足了企业对信息时代大数据应用分析的需要。所以，通过本节系统分析旅游行业的经营管理需要，从当前运行的现实出发，结合企业日常经营实务而探究管理会计的模式建设科学方案，并根据企业需要设计形成一套科学的符合旅游业企业管理工作需要的管理计划。这不仅能够提升企业经营管理实力，还能够增强企业市场竞争力，这样才能真正使得管理会计的引入为企业提高经营管理质量、改进经营管理效率提供必要的帮助。对企业而言，管理会计的引入根本目的在于能够更好地让企业实现管理制度达到现代化产业升级，提升企业的管理能力与管理质量，丰富会计服务职能。所以只有让会计工作展现出更好更优质的服务与实践，才能够让会计的管理职能充分发挥出本来所应有的作用，进而才能真正地让管理会计制度改造起到对企业积极的推动作用。

第八节　新常态下管理会计的创新

在经济新常态下，我国经济以较快的速度发展，经济结构有所优化，管理会计所面临的内外环境不断发生变化。如何应对新常态所带来的改变，成为管理会计的首要任务。管理会计必须根据组织的发展而不断创新，使其管理方法和工具与高水平本土化的管理会计相符。本文针对新常态下管理会计创新探讨进行了详细的阐述，内容仅供参考。

一、经济新常态的概述

（一）经济新常态的含义

经济新常态是指经济结构的对称态，在经济结构对称态的基础上实现经济可持续发展，使经济可持续、稳增长，而不是强调总量经济增长。具体说来包括三个方面：①经济新常态是稳增长、调结构的经济，而不是总量经济；②经济新常态着眼于经济结构的对称态基础上的可持续发展，而不仅仅是国内生产总值（GDP）、人均 GDP 增长与经济规模最大化；③经济新常态就是用增长促发展，用发展促增长。有别于"旧常态"经济的发展方式，"新常态"经济更加健康、合理。

（二）经济新常态的基本特征

经济新常态主要有以下几个方面的特征：第一，经济发展速度放缓，由高速增长变为中高速增长，由快速发展转变为稳定发展、稳中求进，但仍保持每年 7% 左右的经济增速；第二，以资源消耗、环境破坏为代价的经济增长方式将被取代，取而代之的是产业结构的优化升级、生产效率的不断提高，不良的经济增长方式将逐渐被淘汰，深入人心的是以"绿色"发展创新驱动为主要内容的科学的、可持续的、包容性的发展；第三，第三产业的作用日趋显著，并将成为经济发展的主要动力，2013 年，中国第三产业（服务业）增加值占 GDP 比重达 46.1%，初次超越第二产业；第四，小微企业以及互联网行业日益发展壮大，对经济发展的推动作用越来越显著；第五，产能过剩问题依然存在，不会马上被解决，所以差异化产品更利于企业生存。

二、新常态下管理会计创新的思路

（一）变更管理会计理念，加强管理会计与战略管理的结合

考虑到社会环境对管理会计的要求，考虑到资本经营、环境经营等因素的价值创造功能，依此设定管理会计的目标。考虑到企业管理范畴的扩展，考虑到企业组织边界的模糊化，进而实现管理会计的主体从单一企业向企业集群方向的扩展。考虑到内外部环境的变化，合理地释放管理会计假设的边界。理念的变更来源于环境的变化。经济新常态下，新兴商业模式大量涌现，互联网技术应用不断创新，企业竞争环境发生巨变，企业的战略也表现出显著的"动态性"特征。动态环境中应更注重企业战略管理，而它的运用离不开管理会计的发展。管理会计作为公司预测、决策的信息支持与规划系统，必须同步于企业经营管理的要求，树立动态化管理的观念，将大量财务信息与非财务信息相结合，实时地对企业内外部因素展开分析。管理会计与战略管理的全面结合，要求管理会计参与企业战略定位的制定、帮助企业落实发展战略、协助研究行业发展周期、设法降低战略实现成本。

（二）推进管理会计方法与工具的创新

管理会计方法与工具来源于企业实践，实践环境发生变化，管理会计的方法与工具也要相应改变。经济新常态下，管理会计的内部条件与外部环境发生改变，出现了"大众创业、万众创新"的市场化特征。新的环境要求新的方法与工具。

近年来，国内管理会计方法与工具的创新也取得了一定成效。海尔公司提出了"人单合一"的双赢模式（即用户、企业、员工与合作方利益共赢和辩证统一）。海尔在"人单合一"双赢管理模式的创新过程中，依靠自主经营体，将价值链转化为"市场链"，构成全员网络化的企业组织平台，以其自主经营体的战略损益表、日清表和人单酬表作为会计管理与核算的技术工具，创新建立了一种以员工为主体、实行员工自主经营利润中心的管理会计模式。

（三）加强管理会计人才的培养

结合财政部《关于全面推进管理会计体系建设的指导意见》，经济新常态下，管理会计人才培养可以从以下方面展开。首先，各级财政部门要加强宣传，营造良好的发展环境。同时，将管理会计知识纳入有关继续教育和考试内容中，提升管理会计的关注度。其次，高等院校要合理制订培养计划，提升管理会计内容在课程中的比重。加强管理会计师资队伍建设，革新教育教学方法，积极

推动信息技术与教育融合。此外，高校还应加大科研投入，加强与企业、单位合作，建立管理会计人才实践培训基地。最后，企业结合自身实际设定管理会计人才培养模式。企业需设定合理的职业规划，明确管理会计岗位职责，强调管理会计的胜任能力或技能，并做出相应的绩效考核，合理采用管理会计人才培养方式，并对培养效果进行满意度调查，进而相应做出调整。此外，企业要加强管理会计的信息系统建设，培养管理会计人才的信息化处理能力。

（四）建立与我国国情相适应的管理会计体系

经济新常态下，经济结构不断优化升级，管理创新、技术创新成为主流。全面推进管理会计体系的建立已十分必要，财政部也正在大力推进。虽然目前我国有一些企业也进行了管理会计体系的建设并有了一定成效，但使用比较零散，总体上还是没有建立一套完整的管理会计体系。关于如何构建我国管理会计体系，有些学者结合实践提出了一些思路。企业管理会计核心内容包括战略规划管理、投资并购管理、全面预算管理、成本作业管理、现金与税务管理、绩效薪酬管理、内控与风险管理、内部报告管理。经济新常态下，信息技术迅速发展，移动互联网、云计算、大数据、物联网等广泛应用，管理会计系统的构建需要关注管理会计信息系统的建设。

管理会计是企业有序运行的支撑，对企业发展有至关重要的作用。因此，管理会计在任何时候任何行业都应得到重视。特别是在经济发展进入新常态时期，管理会计的发展与创新势在必行。管理会计的发展与创新关乎企业的未来。本节通过对这一问题的探讨，初步总结出管理会计在经济新常态下的发展与创新的方向，希望对相关研究有所帮助。

第九节　会计转型升级背景下管理会计的创新

随着我国经济增速放缓，现阶段国内正处于经济转型升级的调整时期，多数企业都积极寻求内部管理能力的创新与发展以适应市场需求转变。管理会计作为管理工具整合了企业战略、财务及业务等各个方面，帮助企业规划与控制企业各级的日常经济活动。它在企业的各种决策中发挥着重要作用，管理会计在新经济时代迅速发展。但是，由于我国管理会计研究起步较晚，尚未形成完整的理论体系，使得管理会计的应用相对狭窄和滞后。随着新技术和新业务模式的出现，管理会计需要积极整合新趋势，努力实现自身的创新和发展，以实现应有的效率和效益。本文论述了管理会计的创新与发展，希望能够帮助企业更好地应用管理会计。

管理会计是一门新兴学科，是一门将会计技术与管理相结合的综合学科。其通过使用各种管理会计工具，为企业各级领导提供有用的信息，参与企业管理，帮助企业管理者做出正确的分析和决策，特别是在提高企业的生产经营水平和成本效益方面。现阶段很多企业都开始设置管理会计岗位以适应全新的生产经营变革。

一、管理会计竞争压力

管理会计创新与发展的动力既有来自行业的竞争压力，又有职业要求压力。随着技术的发展，"互联网"、云计算、财务机器人等已经应用到各个行业，同时也改变着财务行业的发展方向。传统的财务工作在智能时代将被替代，使得企业的资源配置方式，以及会计行业的人才结构在发生着变化。传统的会计为寻求发展都开始向管理会计转型升级，这就迫使原有的管理会计需要有更高的创新和发展能力才能更具有竞争优势。

随着经济形势和产业结构的转变，企业已经改变了传统的经营模式，管理会计只有进行不断创新与发展才能实现为企业带来效益的功能。管理会计创新与发展是通过自身的调整和转型来适应内外环境变化的需要。

不仅企业和行业提出对管理会计的要求，国家也在推动管理会计理论、概念框架和工具方法研究，以形成具有中国特色的管理会计制度，并对管理会计从理论到实际操作都提出了创新与发展的要求，以适应我国不断提高的对管理会计行业的要求。

二、管理会计实现理念创新

在会计转型升级的环境下，企业管理会计应积极实施理念的发展创新政策，实行最有效的动态管理理论，实现整体管理结构和管理战略的升级。首先，企业必须建立健全综合的管理理念，确保管理和控制措施的协调发展，并在企业内部集中整合财务信息。只有确保不同子系统的信息和管理结构兼容，才能在系统之间形成协调统一的控制机制。只有有效发挥动态管理理念的作用，才能进一步协调不同结构与经济发展战略之间关系。企业管理人员应从宏观角度分析企业的发展状况和发展需求，构建更加均衡的经济发展方案。在这个过程中，企业内部管理会计提供的最直观的信息具有非常重要的作用。其次，企业必须从管理理念层面进行集中优化，以确保他们能够运用有效的机制来激发管理会计的积极性，进一步增强其潜在能量，体现企业智能管理和控制机制，加强人性化管理理念与智能管理结构的关系，制订更有效的管理措施。最后，企业管理会计师应建立动态的信息收集机制，为领导企业战略目标提供有效的经济导向，确保企业实现最大的经济效益。

三、管理会计创新与发展从加强基础工作开始

管理会计要想发挥决策作用需要大量的信息及数据积累。企业需重视会计的基础工作，健全企业的各种信息资料，建立动态的、完整的基础信息提供机制提供可靠的数字来源。严格按照"企业会计制度"规定，财务会计记录日常业务，登记簿册，并定期编制相关财务报表，准确、客观地反映企业的经济活动和经营成果。数据的准确性、报告的客观性和及时性将对管理会计的工作产生深远的影响。因此，要创新和发展管理会计必须高度重视基础工作。

四、管理会计的创新与发展离不开预算

管理会计最终要通过改变企业的资源配置来实现企业的管理工作，而资源配置离不开预算，需要采用预算的方式来分配、评估和控制企业内各部门和单位的各种财务和非财务资源。为了有效组织和协调企业的生产经营活动，完成既定业务目标和管理活动，管理会计会从企业整体角度出发制定预算，在企业高级管理层与中下层因预算目标不一致而产生利益冲突时起到了调和作用。这样使预算制定得更加合理，有利于预算的完成，减少了上层要求企业发展强推预算与下层保留预算之间的矛盾。管理会计在制定预算时要厘清预算、规划与企业战略等各个方面的关系，要在企业经营规划指导下完成，以促使企业健康可持续发展。有效地实行综合预算，使企业在一定时期内对生产计划、利润收入和成本支出等活动有综合预测和计划，包括财务预算、业务预算和特殊预算，以及确定这些预算是否合理的评估指标和预算指标。

五、管理会计工具的创新与发展

管理会计工具有很多，但如何根据我国国情与企业管理实践合理地使用，是管理会计在创新与发展中应该注意的重点。随着近些年管理会计方法学的深入研究，各种管理会计工具如作业成本法、经济增加值等新的方法体系的应用，在提高管理会计的功能和应用方面发挥着重要作用。管理会计工具的不断创新和发展依赖于在企业中的实践和科学有效的修订。此外，应通过学习国外先进的管理技术，开发更适合中国国情的管理会计工具。管理会计只有不断地进行创新和发展才能获得更大的活力。管理会计工具的创新与发展还在于对现有的

工具进行规范与修正，结合我国的市场结构、市场竞争、生产方式等使其更符合企业自身的需要，更具有可操作性。

六、管理会计拓展更大的应用空间

时代赋予了管理会计广阔的应用和发展空间。居安思危，管理会计应通过自身的创新与发展创造更广阔的应用空间；通过积极关注企业外部环境的变动，利用竞争者信息、财务信息来构建完善的战略管理会计系统；开展战略规划工作，使公司管理和业务更加灵活。管理会计可以扩展到组织战略、产业链整合和组织间协作、流程导向和价值管理、网络和信息集成等多个空间，打破传统会计确认的约束，实现灵活性，以优化管理流程和业务流程为目标不懈地进行创新活动。

七、多学科并举扩展管理会计知识架构

管理会计项目的发展不应局限于单一层面，而是需要将其与各学科，如经济学、管理学和社会学等理论相结合。在动态演化过程中，形成了一个属于管理会计自身的知识体系，使管理会计的管理方式更加灵活。管理会计就是要在利用不同的管理技术和管理路径的实践中实现自身的创新与发展，为企业经济效益和经济价值做出自己的贡献。

八、强化管理会计的信息化发展

随着网络信息化在会计上的应用，管理会计的创新与发展必然也离不开网络信息化，适应了信息化的发展才能适应会计转型升级背景下的企业对管理会计的管理要求。在以信息化为平台的基础上，管理会计应结合多种工具设计符合企业运行的管理模块程序，在模块程序建立后还要经常进行调试以符合决策者的判断和要求。这不仅可以提高管理会计的工作效率，还可以将管理者的想法和业务开展思路融入管理会计信息化的管理中，使得管理会计在管理上的灵活性与准确性在信息化的空间里得以创新和发展。

第十节　成本管理会计创新

随着我国经济的快速发展，企业想在激烈的市场竞争中取得一定优势，就需要有一个先进的成本管理会计体系。由于目前经济环境的不断改变和技术的不断更新，传统的成本管理会计体系已经无法满足现代企业的管理需求。所以，成本管理会计的创新已经是迫在眉睫。因此，本节针对这种情况，对成本管理会计创新进行了研究，希望能给广大企业管理者提供一些参考。

随着企业间的竞争越发激烈，企业的财务管理也有了更多的需求。成本管理会计作为企业财务管理的重点内容，是财务会计和管理会计两者在成本方面的综合。成本管理会计是通过计算和提供成本信息进行会计管理的方法，其工作直接关系着企业的产品生产与营销模式。所以，从成本管理会计的多个方面进行创新，能够帮助企业适应当前的市场竞争，促进企业的平稳发展。

一、成本管理会计观念的创新

随着社会的发展，经济和技术也都得到了新的发展，人的观念也需要不断更新才能跟上社会发展的步伐。所以，成本管理会计的观念也要有所创新，才能保证企业的发展。成本管理会计观念的创新要从几个方面来进行。一是市场观念。成本管理会计有着调整企业战略和控制企业经营的职能，就应该关注市场的发展和需求，以便帮助企业制订具有一定竞争优势的策略。二是动态管理观念。随着我国计算机使用的普及，信息的传递已经变得更加快速准确。面对市场环境的不断变化，企业要迅速作出相应的决策，以便获取在市场上的竞争力。成本管理会计作为企业策略制订的重要参与者，一定要抱有动态的管理观念，才能根据企业内外环境的变化，作出针对企业成本管理正确的分析。三是确立企业长期发展的观念。成本管理会计是以企业利益至上为基本观念的，但是企业利益的获取不能从短期来看，而是要以企业的长期发展为目标。成本管理会计不仅要为企业短期的效益服务，还要符合企业的长期发展战略。所以，为了保证企业随着社会发展而发展，要对企业的成本管理会计观念进行创新。

二、成本管理会计内容的创新

成本管理会计内容的创新，需要从技术、信息、企业形象和人力资源几方面来考虑。首先，随着现代科学技术的飞快发展，成本管理会计应当重视成本管理中的技术开发、技术管理和技术推广等方面的内容。成本管理会计应当从企业长期发展的角度，对技术成本进行管理。其次，随着信息技术的日新月异，成本管理会计应当注重信息的收集和处理等方面的内容，要做好信息系统的成本管理和分析，使得企业有更多的信息资源，用以制订企业战略。再次，现代的企业营销情况总是受到企业形象好坏的影响，人们对企业形象的印象直接影响了人们对产品的选择。所以，成本管理会计要对企业行为在社会的影响做出分析，在企业的形象树立上做出成本管理分析，以便维护企业的形象。最后，企业的管理离不开人，人力资源成本费用的分析和管理也应该加入成本管理会计内容中。成本管理会计对人力资源的成本管理和分析加深，能够帮助企业在管理上更好地发展。总之，随着社会的不断进步，成本管理会计在管理内容上也要有所创新。

三、成本管理会计方法的创新

面对激烈的市场竞争，成本管理会计在管理方法上也应该有相应的创新。一方面，市场的竞争越激烈，就说明企业的财务风险越大。所以，成本管理会计应该增加风险控制方法，对企业的成本风险做出基本的分析和管理。风险控制方法是指在接受既定风险的条件下，采取相应措施来降低风险可能造成的损失。其具体措施是通过与其他企业合作，共同承担风险，来降低风险成本。另一方面，由于目前市场比较开放，所以出现了百家争鸣的现象。企业已经不能靠产品高价出售来获利，只能靠降低产品的成本来保证企业的基本利益。所以，此时成本管理会计应该采用转移成本管理重心的方法进行企业的成本管理。产品的成本可以通过产品开发和采用新材料等方法来降低。这就要求成本管理会计将技术成本合理地管理起来，将成本管理重心转移到降低产品成本上。总而言之，为了适应企业发展需要，要对成本管理会计的管理方法进行创新。

四、成本管理会计组织架构的创新

现代经济的发展，促使企业在成本管理会计的各个方面进行了创新。无论是成本管理的观念、内容还是方法都发生了改变。然而传统的成本会计组织架构面对这些创新，已经不具有足够的协调和分析能力。所以，成本管理会计组织架构也应该随着社会发展进行创新。一方面，要建立一个能够提供公司财务信息和管理信息的部门，使得经济和管理信息能够更好地融合；另一方面，企业还要成立专门的组织机构，对成本管理会计各方面的创新进行指导，使得成本管理会计的创新更加规范。所以，为了适应企业的发展形势，成本管理会计的组织架构也要进行创新。

　　总而言之，通过研究成本管理会计观念的创新、内容的创新、方法的创新，以及组织构架的创新等方面的内容，可以对传统的成本管理会计进行改革，使其适应当前社会与企业的发展需要。成本管理会计的创新能帮助企业顺应市场发展与需求，使其生产和销售具有市场竞争力的产品。所以，成本管理会计创新方面的研究，对于企业的稳定发展有着重要的意义。

第四章 管理会计的应用

第一节 事业单位管理会计的应用

随着社会主义市场经济体制的日益成熟，我国大部分事业单位的发展都面临着市场外部环境和内部管理发展需求的双重压力。为了适应时代发展，促进我国事业单位工作顺利开展，提升其工作效率，本节从事业单位管理会计应用的意义出发，分析了现阶段事业单位管理会计应用存在的一些问题，从而对事业单位管理会计应用的途径展开探讨。

在事业单位工作中应用管理会计，一方面能够确保单位领导决策基于详细的数据信息之上，提升事业单位管理决策的准确性与科学性；另一方面也是基于我国社会经济、政治体制改革的实际需要，通过加强管理会计应用，引导事业单位与时俱进，与社会环境建立联系。目前，管理会计已逐渐在我国事业单位中得到了运用，并呈现出广泛发展的趋势。在这个过程中出现的诸多问题，需要通过理论探讨与实践应用加以解决。

一、事业单位管理会计应用的意义

（一）管理会计是我国会计发展的未来趋势

随着计算机网络时代的到来，管理会计成为我国会计行业发展的主流趋势。通过充分发挥其职业特性能够有效适应我国经济以及科技的发展要求，服务于事业单位日常管理需求，满足其内部需要。另外，管理会计还能通过整合事业单位的业务信息、活动内容，以及相关的成本、财务信息，提升事业单位的财务管理水平，有效管控事业单位成本，促进事业单位的健康发展。

（二）管理会计能够有效提升事业单位管理水平

内部控制是事业单位管理中的重要内容之一。通过有效的内部控制，能够提升事业单位的工作效率，促使事业单位工作顺利开展。当下，将事业单位内部控制机制与管理会计工作进行结合，可以减少事业单位的外部监管压力，提升其内部管理有效性，使事业单位内部管理机制高效运行，促使管理会计与事业单位内部控制协调运行，促进事业单位发展。

二、事业单位管理会计应用存在的问题

（一）缺乏规范的管理理论体系

事业单位管理会计应用需要建立在规范的管理理论体系之上。评判事业单位管理会计应用成效的标准之一，就是事业单位是否在管理会计应用过程中构建了完善的管理理论体系。只有以科学、规范的理论体系为基础，才能对管理会计的概念内容进行掌握，确保管理会计工作合理应用于实际的事业单位管理工作中，起到良好的管理作用。现阶段，很多事业单位尚未构建起科学的管理会计理论体系来指导管理会计的具体工作，造成管理会计工作处于无序状态；工作职责划分不够清晰明确，造成管理会计在事业单位中的应用效果难以达到预期。我国管理会计在事业单位中的应用发展时间较短，各个方面都存在不成熟的情况，大部分理论体系的构建都处于初级阶段，阻碍了事业单位管理会计的发展。事业单位管理会计的人员紧缺也使得其理论体系构建缓慢，同时受到传统观念的影响，部分事业单位并未树立起管理会计理论体系构建的意识，阻碍了管理会计理论体系的形成。

（二）没有完善的内部控制体系

内部控制体系的构建能够推动事业单位进一步发展，因此事业单位有无完善的内部控制体系，会在一定程度上对事业单位的发展造成影响。现阶段，我国大部分事业单位都不具备完善的内部控制体系，造成管理会计对事业单位财务管理的效果与效率难以达到预期。完善的事业单位内部控制体系，除了能够促使事业单位财务管理更加高效，还能提升事业单位的整体管理水平，同时加强对单位员工的监督与管理，推动事业单位运行在良好的秩序范围内。

（三）缺少专业的管理会计人才

目前，事业单位管理会计建设严重缺乏专业的管理会计人才，存在极大的人才缺口，亟须通过管理会计人才培养来进行填充。只有具备高素质的管理会计人才，才能在事业单位管理工作中，起到良好的统筹规划作用，进一步提升事业单位管理水平。另外，一些事业单位虽然设置了专门的管理会计部门，但其管理会计人员素质较低，不具备专业的管理会计能力，也会造成事业单位管

理会计工作效果较差。我国事业单位的管理机制中还存在着一些计划经济时期的遗留内容，使得事业单位管理会计人员不能对自己的职责进行正确的认知，加大了事业单位管理会计的应用难度。

三、事业单位管理会计应用的途径

（一）构建完善的管理会计体系

现行的会计法律法规体系是以财务会计管理工作为主要服务对象的，在实际运用过程中难以满足事业单位管理会计工作需要，对其工作顺利开展造成了阻碍。因此，针对现阶段事业单位管理会计发展需要，务必尽快构建相对完善的管理会计法律法规体系。一方面，结合实际情况，融合我国国情，设定事业单位管理会计工作原则，为管理会计日常工作提供科学有效的行事标准，对管理会计工作进行积极的指导，促进管理会计的应用与发展。另一方面，相关部门还要针对事业单位管理会计发展趋势，提供科学、深入的学习机会，促使事业单位了解发展管理会计的必要性，并且对各个事业单位管理会计人员进行入户调查，在掌握管理会计实际工作情况及问题的基础上，提供具有针对性的指导。

（二）强化管理会计专业人才培养机制

由于传统政策体制的影响，事业单位的会计工作人员会经常性受到政策约束，对其管理职能具有一定程度的限制，导致其缺乏一些必备的管理知识，难以匹配社会、单位的发展需要。因此，事业单位管理会计在应用过程中，需要加强其管理会计专业人才培养，进一步完善事业单位管理会计的评价考核机制，引导单位会计人员主动提升自我专业素养。事业单位加强对会计人员管理能力的培养，引导其参与到事业单位的管理工作中，发挥管理会计的管理作用。与此同时，事业单位还要顺应社会发展需要，努力构建一支具备专业管理能力的管理会计队伍，有效推进事业单位管理会计的应用与发展。另外，一些具有培养能力的高校也要积极构建管理会计培养机制，通过系统的教育教学，为事业单位输送一批具备管理会计综合素养的专业人才。

（三）全面整合管理会计职能

随着我国经济体制改革逐渐深入，事业单位会计人员的工作职责与工作内容得到了进一步的扩展，在传统财务会计核算的基础上，还需要为上级领导决策提供相关的经营管理信息，确保其决策的科学性。在事业单位中，管理会计的工作内容与企业成本会计相似，要求其准确把握单位各项工作的运行流程及运营成本，引导单位领导的计划与决策，以详细、全面的数据基础为指导，提升单位领导决策的实效性。随着社会经济、技术手段的逐渐发展与更新，事业单位管理会计还要努力做到与时俱进，在实际工作过程中学会利用计算机网络技术，提升日常工作效率，降低管理会计工作成本，推动事业单位管理会计工作日益规范化、体系化。除此之外，还要明确事业单位管理会计的职责分工，通过加强会计部门与事业单位其他部门的交流合作，提升管理会计工作质量。

（四）建设良好的管理会计内控环境

事业单位除了要在意识上加强对管理会计的重视和应用，还要强化配套软硬件设置，建设良好的事业单位管理会计内控环境。随着我国政治经济体制改革逐渐深入，事业单位要把握好发展建设机会，通过强化自身危机意识，促进其内部管理水平稳步上升，使事业单位与市场环境进行有效衔接，顺应社会发展趋势，为其将来的发展奠定基础。与此同时，事业单位还要通过应用全面预算、绩效考核、资产管理、内部控制等管理会计的工作方法，提升其管理决策水平，调动其管理会计工作的积极性，提升其执行力。

通过整合管理会计职能，促进事业单位会计工作形式转型升级，加强事业单位管理会计人才培养，以及提高管理会计参与事业单位管理的程度，能够提升管理会计在事业单位中的有效应用，推动事业单位管理水平稳步提升。针对事业单位管理会计发展应用过程中遇到的实际问题，以及社会经济、政治发展的需要，提升事业单位生存发展的能力，需要推进管理会计改革，进一步强化对管理会计概念的认知与理解，确保事业单位的管理与决策建立在详细的数据信息之上，提升其决策的科学性。

第二节 公立医院管理会计的应用

管理会计是促进医院建设与管理的重要手段，有利于医院在进行决策时提升科学性，提高医院工作的有效性，促进医院实现成本的节约，实现医院获得经济效益的诉求。就当前而言，部分公立医院管理会计中存在着一系列问题，比如工作开展形式化、人才储备不足、工作目标不明确、科技水平达不到实际要求等。本节就管理会计在公立医院应用过程中的相关问题及解决方法进行研究与讨论。

管理会计的应用，有利于公立医院减少资金支出、增加医院收入，有利于对医院的财务管理进行风险上的有效规避，从而促进医院经济效益的实现。但在实际实践过程中，管理会计的应用仍存在着部分需要我们重视和解决的问题。对这些问题进行分析和研究，找出行之有效的解决方法，并投入实施中，是促进管理会计应用实效性和科学性的有效手段，有利于实现医院管理的效果提升和效率提高，进而促进社会稳定和国家的健康发展。

一、公立医院管理会计概述

公立医院管理会计是管理会计的一个分支，它的相关会计工作开展的主要目的是促进医院经营情况的改善，提高医院管理的总体水平，进而实现良好的医院经济收益。虽然管理会计与传统的财务会计具有一定的联系，但二者的实质是存在巨大区别的。比如管理会计强调在医院经营过程中，对医院内部各个细化单位的建设工作进行管理，主要的职能是进行支出预测、行动决策、发展规划、经营控制，以及效益考核等；而财务会计则主要是为医院的经营，进行相关成果和收益状况的"报账"。与财务会计相比，管理会计的建设相对缺乏经验，相关的体系制度还有待完善。

二、公立医院管理会计应用中的问题

（一）对管理会计工作开展不够重视

就公立医院目前的管理情况来看，领导和员工对管理会计的认识都存在一定的局限。一方面，对其工作的内容和作用不够了解。认识程度的缺乏，就导致了管理层无法认识到该工作的意义，对管理会计工作开展支持力度相对不高。医院管理层也无法在员工选拔时，重视其管理会计技能素质；在对会计职员进行培训时，缺乏财务管理的内容，影响了公立医院管理会计的人才建设和工作开展。另一方面，对管理会计工作缺乏重视，也影响了管理会计应用时的效果。这造成工作浮于表面，缺乏实际内容和作用；相关的制度以及工作标准，难以得到完善和提升；工作的效果不能保障，也无法对相关会计人员的工作进行有效核查。

（二）管理和会计人才储备不足

一方面，管理会计在我国的发展建设时间相对较短，水平较为落后，因此就导致了专业化、高水平、高素质的管理会计人才十分短缺。公立医院招聘不到专业化人才，同时也不重视对现有的人才队伍进行财务管理等方面的培训，就造成了管理会计系统性工作开展的困难。另一方面，部分公立医院的员工技能水平、知识素养等都比较欠缺，尤其是出现财务工作者并非专业人员，没有进行过系统化的会计与财务管理技能知识学习，比如有的医院存在其他部门的员工兼任会计的情况，这就更加影响了管理会计的应用与发展。

（三）管理会计的应用水平不高

公立医院管理会计的作用包括对过去经营的解析、对当前经济活动的管控、对未来建设的规划与指导。管理会计师的工作内容包括成本分析、预算控制、决策支持、风险管控、业绩管理等。就当前的应用现状来看，首先，部分公立医院尚未设置专门负责这些工作的部门；其次，在工作开展中，缺乏信息整合与决策实践的有效联系；再次，部分医院将管理会计与财务会计混淆，财务人员仍将收支核算作为工作的重点，认为其工作就是对账，忽视了发挥规划与指导实践等作用；最后，管理会计在公立医院的应用过程中，缺乏设备建设的资金投入，缺乏对信息化科技的运用，进而造成工作效率较低的问题。

（四）对管理会计工作的认识不足

首先，公立医院在进行会计工作时，混淆了管理会计和传统的财务会计，缺乏对管理工作的重视。其次，没有认识到管理会计工作与其他部门的联系，进而导致各部门间缺乏合作，难以实现财务与管理的互动互联。再次，对管理的认识程度不够，更多的将会计工作重点放在了投资与收入的核对工作上面，对管理会计工作的创新建设认识度较低，不注重新设备、新技术、新方法等的引进。最后，对医院经营效益的认识不高，进而不关注成本节约、资产增值等问题，一定程度上造成了资源的浪费。

三、公立医院管理会计应用问题的解决方法

（一）提高公立医院对管理会计的认识

不管是医院的领导层、管理层，还是财务管理人员，都要提高对管理会计的认识，从思想层面对管理会计的应用重视起来。第一，要了解其工作的内容和手段，加强学习与培训，学习国外的财务管理经验，全面地认识这项工作，进而推动专业化部门的设置。第二，要提高对管理会计建设的认识，一方面认识到资金投入、资源整合的重要作用，另一方面认识到学习与培训的效果，加强对员工技能培训的投入，从而促进这项工作开展的深度与广度，提高医院实际管理的效果。

（二）聘用和培训专业化管理会计人才

员工的素质和能力是影响工作效果的关键因素，要想推动公立医院管理会

计工作的有效开展，发挥其对医院管理的重要作用，就必须关注人才的引进和培养问题。

要综合运用定期培训、外派交流学习等方法，使财务人员的技能水平得到有效提升；要建立健全相关的考核制度，加强对会计人员的筛选，保障队伍质量；要加强实践活动的开展，避免职工出现理论知识丰富但实际操作能力相对欠缺的问题。这样才能建设起能够满足实际工作开展需要的、高水平的管理会计队伍。

（三）开展精细化的管理会计工作

首先，医院要对管理会计人员的相关职能、责任、权限等，进行明确的规定。在这方面的建设完善，可以促进之后的人员管理与考验核查等工作的开展，保障医院发展目标的有效实现。其次，管理会计工作的开展，除了要重视其收支核算方面的作用，还要重视其管理规划作用的实现。再次，还要依据国家对医院运行与工作开展的相关指导意见，促进自身的制度化建设与健全，从而为会计管理工作的开展，建立起明确且科学的规程依据。最后，要进行精准化的预算，并且要对实际执行的过程进行有效监管，及时对偏离预算的项目内容进行反馈。总之，精细化的管理会计工作进行，要明确工作目标，打好理论基础，强化体系建设，深化控制管理，从而促进公立医院财务管理的良好效果实现。

（四）加速管理会计工作的技术提升

任何工作的开展如果不能顺应时代的变化，适应新形态下的工作建设要求，就不能取得良好的成效，甚至造成人力物力等浪费，延缓社会发展的进程。公立医院的管理会计工作也是这样。因此，在实际的应用中，必须积极开展新技术的学习，进行训练和实践，加大高水准新设备的投资引进。在当前网络化发展、信息化时代到来、计算机技术进步等社会背景下，管理会计要想在公立医院进行高水平的运用，必须对信息化数据处理平台的建设工作加以重视，对医院各个科室的医疗服务内容、设备器材建设与使用、服务的成本及收益等信息进行整合，并采用编写程序的方式导入管理与核算的相关程序，综合大数据技术，对数据进行模板化、高效率的计算与处理，为医院的建设提供有效指导。

（五）完善管理会计应用的考核制度

考核制度的建设和完善，有利于为公立医院管理会计工作的开展，进行实效性的监督和促进。通过对会计人员的工作进行考校核查，实行相对应的奖励和惩罚，能够使其积极性极大地调动起来，使其职责感有效地提升起来，引导员工实践，促进管理会计工作的成效显现。

四、管理会计高效应用于公立医院的意义

（一）有利于促进公立医院会计工作的发展

管理会计这一分支，在我国的发展时间相对较短，建设经验相对不足。从2013 年开始，我国才对管理会计的发展进行了政策性的指引。2016 年《管理会计基本指引》印发。到日前为止，财政部已经颁发了三十几项管理会计的应用指引文件。因此，公立医院管理会计的应用，是响应政府号召和国家建设指导的重要工作，可以为我国管理会计的发展积累经验，进而有效促进会计相关科目的建设和会计体系的完善。

（二）有利于公立医院开源节流

在实际的应用中，管理会计能够对医院各个方面的运行工作，比如医院运行的水电投入、员工工资投入、医疗器材建设与使用成本等，进行详细分析，从而指导相关建设的开展。比如，在引进某一器械时可以综合分析该器材的占用空间、预期的资金投入、接待病人的数量等信息，从而得出最优方案，指导器材的选购，从而避免器材过多造成的资源浪费或器材过少导致的无法满足人们的看病需求等问题，促进相关社会与经济效益的实现。

（三）有利于公立医院提升管理效率

管理会计的应用，可以促进内部人员的考核评价工作开展，从而有效规范员工的工作，促使各部门提高重视。这有利于各部门及时认识到自身工作中的问题，改正不足、弥补缺陷、强化管控，为相关的规划预测与决策建设实施，提供准确科学的依据。公立医院管理会计的建设应用，有利于对医院经营以及发展的相关信息，进行深入的处理分析，并为公立医院经营开展，提供合理的策略指导依据，从而促进医院相关工作开展的高效率、高效益、高效果。

公立医院管理会计的应用是一个长期的、持续的过程。这需要我们对该项工作的开展与建设形成常态化。在当前的时代背景下，医疗改革不断深化，经济建设不断加强，我国的社会发展与科技进步，对公立医院的管理提出了更高的要求。公立医院为适应社会发展的大环境，适应医院之间竞争激烈的气氛，就必须强化管理会计的应用，针对现存问题实行有效措施，提高医院的总体管理建设水平，保障医院的持续健康发展。

第三节　公司治理视角下管理会计的应用

随着我国的社会经济发展水平不断提高，经济大幅增长，企业逐渐朝着信息化的方向发展。作为企业财务生命力的来源，企业的管理会计，在企业的生产运营中起着重要作用，使得企业朝着更先进、更盈利的方向前进，对于提高企业的竞争力和管理水平，起着决定性的作用。作为企业的重要组成部分，企业的管理会计对于企业管理者的决策起着重要作用。高素质的管理会计能够使管理决策者充分利用财务会计信息，做出合理的决策。对于公司的治理而言，管理会计是企业治理的媒介和工具，所以分析公司治理视角下管理会计的作用以及应用，能够有效促进企业的发展。

当下中国进行着经济体制改革。随着改革的深入，企业的管理制度也在完善。只有完善企业的管理制度，全面加强会计体系在企业中的建设，可以发挥会计在推动企业发展方面的作用，提高企业的核心竞争力，增强企业的管理系统，在逐渐发展的激烈的经济环境中保持企业自身的优势。企业经济效益直接关系到国家的经济增长，国企促进国家经济发展，影响了国家经济的发展方向和效益，可见会计管理的重要性。会计系统在企业中的地位越来越重要，会计系统为企业完善的制度提供了重要的支撑，同时也提高了企业的管理水平。企业除了依靠财务会计制度外，还应该重视管理会计，因为高效的管理制度不仅具有规范企业的员工职能，而且可以促进企业创新的发展。

一、公司治理和管理会计的内涵

（一）公司治理的内涵

对于企业来说，治理是一个最为重要的问题。没有好的管理人员配置，企业的运营就会出现问题，导致企业管理混乱，企业就不能得到最大化的利益。在当下的企业制度中，公司治理是对公司日常运行的规划安排，管理控制公司的职员，从而保证企业的健康运营和发展。

（二）管理会计的内涵

随着经济水平的提高，国企改革的深入，中国逐渐找到了企业发展的正确道路。在国内，管理的发展起步比较晚，但是中国经济迅速崛起，中国企业的数量逐渐庞大。就和企业管理一样，中国企业管理会计的发展和职位设定也是比较晚的。管理会计的内涵是将现代先进的管理制度和会计行业的智能融合在一起的新职位。管理会计对企业的管理者负责，并为他们提供相关的会计信息。

管理会计属于公司管理系统中的一小部分，但是其职能确实非常重要，是管理者决策系统的组成部分。管理会计属于会计领域的边缘学科，同时也是管理领域的边缘学科，以提高经济效益为最终目的。

二、公司治理视角下管理会计的作用

财务会计系统负责公司日常运营的收入和支出，反映企业的盈亏情况和经营收益等相关信息，经过会计人员的整理和分析，得出某些结论，是为公司的下一季度或者下一年经营策略制订所提供的财务依据。毕竟公司的真正目的是盈利，进而实现扩大再生产，在现有的公司规模上，进一步发展。由此可见，在公司治理下的财务会计发挥着重要的作用。但是我们也发现了财务会计相关的局限性。比如，对于财务会计而言，关于企业管理方面可能不太了解，管理者如果没有相关的会计知识，也不太了解会计行业。这样对于企业的发展比较不利。所以，企业设置管理会计非常重要，管理会计能够汇报相关的财务会计信息，同时向财务会计传达相应管理者的指示。

（一）管理会计与财务和管理系统相辅相成

管理会计就是综合性的人才，不仅懂得管理的知识，还了解会计的专业知识。管理会计的出现弥补了企业管理的漏洞，也完善了会计制度。财务会计是对已经发生的财务往来与公司的效益等进行财务总结，而管理会计是通过财务信息决定企业的未来策略。管理会计和财务会计相辅相成，管理会计向企业的管理者提供可靠的财务信息，同时也可以监督财务会计，督促财务会计认真负责完成自己的职责。只有让管理会计充分发挥出自身职能作用，与财务和管理系统相辅相成，这样一来才能够更大程度上促进企业的发展。

（二）管理会计的工作内容及作用

管理会计为管理者提供可供参考的财务信息，为管理者的决策、计划和对公司的控制提供可靠的财务依据。在公司的日常运营中，管理会计要从公司的各个渠道获取相关的财务信息，根据已经制订的计划，以此合理地对财务信息进行整理，通过分析对比从中发现问题，将发现的问题反馈给管理者，使其及时调整公司的运营策略。同时管理会计审查会计信息的来源，保证得到信息的准确性。公司只有充分发挥管理会计的职能作用，完善公司自身的管理系统，才能保证公司获得最大效益。

三、公司治理问题中管理会计的应用

管理会计在公司中的应用使得公司的制度更加完善，公司的日常运营更加合理。可以以管理会计为基础加强董事会的职能，同时管理会计也有监视的职能，这样就可以使管理会计同时为公司的监察部门提供支持。随着市场经济的迅速发展，公司的经营目标已经发生了转变，从最初提高产品的质量变为为顾客创造价值。为了实现战略目标，实现企业的效益最大化，管理者必须参加日常的管理活动。管理会计由于其自身的独特性，可以将公司的各个层次相融合，所以公司应该将管理活动和管理会计相融合，这样就可以更容易实现企业的战略目标。

为了适应激烈的市场竞争，增强公司的管理体系，应该在公司治理的视角下，充分发挥管理会计职能作用，规范公司的决策机制，从而实现公司利益的最大化。

第五章 管理会计在企业中的应用现状

第一节 财务共享模式促进企业管理会计职能发挥

随着财务共享模式被普遍应用于各个企业中，原本的企业会计核算职能被分离出来，并被归纳到财务共享服务中心的工作范围中，企业财务人员得以从原本繁杂、反复以及单一化的财务核算工作中解脱。企业财务管理的主要职能，也逐渐转变为包含了决策支持、数据解析以及风险管控等内容的管理会计职能。本节首先分析了财务共享模式与管理会计的含义，并在此基础上，阐述传统模式下企业财务管理的问题所在，并阐明财务共享模式促进企业管理会计职能发挥的具体措施，给相关工作者以参考。

伴随着"互联网"与"共享"模式概念的兴起，许多企业纷纷谋求自身的变革，并建立起财务共享服务中心，以此实现会计工作的流程化处理、组织内部结构的改良优化和业务流程的规范完成，并实现高效率、高质量的财务管理，缩减企业整体运营成本，最大程度上发挥企业管理会计的职能。

一、财务共享模式理论概述

财务共享的含义就是通过信息技术的手段，以程序化的方式来处理企业财务业务。财务共享模式在管理学中被当作共享服务的延伸。而共享服务最开始是从跨国集团多层级与多组织结构管理逐步演变而来，当前已经被广泛应用于我国各大企业中，成为大家十分熟悉的一种财务管理模式。与过去传统的财务管理模式相比而言，财务共享模式是依靠流程再造这一方法来将财务会计转变为流程化与业务化的分工形式。财务共享模式有助于财务会计与管理会计发挥其职能作用，以此合理提高企业财务管理的质量，完成企业的财务转型目标。

众所周知，管理会计是管理学的名词之一。管理会计是从过去传统会计核算中分离出来的，与财务会计形成并列态势。其主要的作用就是最优化企业的决策制定、改善企业的经营管理模式，以及最大化企业的经济效益。管理会计的重心在于对企业业务信息的捕捉、呈报与分析，其能直接参与到企业的管理层决策工作中，实现企业价值扩大和提升的目标。

管理会计有两大核心，分别为价值创造与价值维护。所以，管理会计是一种融合了企业战略、企业业务以及财务一体化的最有效的企业财务管理工具。之前，我国企业财务管理最重视的是会计核算与监督，而主要的财务工作内容为记账、算账、报表编制以及数据分析等。财务共享模式的出现以及财务共享服务中心的建设，打破了原本单一的财务会计业务工作模式，让管理会计职能的充分发挥从不可能变为可能。

二、传统模式下的企业财务管理问题

第一，传统模式下的企业财务管理比较重视会计核算职能。所以，财务人员主要工作就是记账、算账以及做账，在这些工作流程上消耗了大部分的时间，还要完成账务处理以及报表编制等事务，并没办法充分发挥对于企业资金使用与成本资源合理配置方面的管理作用。

第二，财务人员在企业生产经营活动方面的参与度不足。传统财务工作的内容只是反映出已经发生的经营收支，用历史数据来简单分析企业的相关经济活动。这就使得财务工作与企业经营活动之间不相匹配，出现断链，影响企业财务工作价值的实现。

第三，传统财务管理的运行成本高。过去传统企业财务管理模式，在会计核算岗位设置上具有重复性，会安排好几个人做着差不多的工作，人工成本因此提升。这无法满足业务流程复杂化和成本节约化的内部管理需要。与此同时，财务管理流程不够完善流畅，分散重复的工作环节会过度消耗企业的资源。

第四，业务流程缺乏规范性。就当前的集团公司来说，下属的各个分支机构在会计核算以及内部管理制度方面的执行标准是具有差异性的。这使得多个下属企业在面对同一项业务的时候，其采用的处理标准是不同的。这样会增加企业规范化管理的复杂性。

三、财务共享模式促进企业管理会计职能发挥的具体措施

自从财务共享模式普及之后，财务共享服务中心就担负起了过去企业财务管理重复性的会计核算工作职能，这使得财务工作的完成变得更加高效且规范。而企业财务管理职能则逐渐从财务会计职能转变为管理会计职能，并在财务共享模式下，充分发挥管理会计的职能。

（一）企业财务管理职能发生变化

财务共享模式逐渐普及运用，企业过去的日常账务报销、会计核算、资金支付以及报表编制等会计核算职能被分离出来，并归纳到财务共享服务中心。这一模式解放了企业财务人员的人力，使他们得以从原本繁杂、枯燥且单一的会计业务处理中挣脱出来。而企业财务管理也逐渐转变为决策支持、管控分析以及专业支持等以管理会计职能为中心的内容。

（二）从事后控制转变为全过程控制

过去传统财务会计的主要工作内容为核算已经发生或者已经完成的交易与事项。就算是发现了问题，也多是在事后进行处理与控制，在事前控制与事中控制方面的工作十分欠缺。在财务共享模式下，管理会计职能充分发挥，企业财务人员能够依靠财务数据来对事项进行事前判断分析以及事中控制调节，实现财务管理工作事后控制向全过程控制的转变。

（三）与企业生产经营活动进行深度融合

在财务共享模式之下，企业财务部门管理会计的职能发挥，还包括增强财务人员对经营活动参与的能力与意识，愿意主动参与到生产经营活动中去，与业务部门进行互动关联，变成业务部门的合作同伴。如此能拓展财务分析的广阔性与深入性，将成本控制这一节点向前移动，实现财务管理与经营业务多层次、多角度、有深度的融合。

（四）提升财务决策支撑能力

管理会计职能作用若能有效发挥，财务部门就能够提高其事前算赢水平，以准确数据来保证业务部门生产经营决策制定的科学合理性。同时，财务部门有效完成财务分析、运营监控与管理等工作，可提升其财务决策支撑力。财务部门会时刻注意资产整体生命周期的管理，推进投资进展，并更加看重经济效益，构建以投入产出分析为基石的项目决策机制。

（五）改进预算管理方式

财务人员在财务共享模式的帮助下，得以从事务工作中脱身，因此可以有效使用管理会计所提供的定量预测技术、预算编制方法以及管理会计工具，来对预算管理方式进行改进。财务人员通过增强预算管控这一职能，来完善企业绩效管理机制，将企业资源导向可获更多增值增效的项目，实现企业价值的提升。

（六）提出有效降本措施

企业发展的关键之一，就是对增长过快的企业成本费用进行控制，提升企业经济效益的主要途径为缩小费用成本规模。管理会计职能发挥，能够加强财务人员对成本结构科学合理分析的能力，以提出确实有效的降本措施。同时，财务人员还能加入成本费用管理控制工作中去，来完成财务降本减费这一职能目标。

（七）增强风险控制作用

管理会计职能作用发挥，能增强其对风险控制的研究、预判、识别以及预警等作用，并提出风险防范与管控的有效措施。财务人员通过深入了解企业经营管理的具体流程，来发现管理疏漏所在。据此，财务人员定期为企业管理层提交风险评估报告，完成企业风险防范与管控工作。

财务共享模式的出现，使企业财务管理形式从原本的会计核算重心转变为管理会计重心，并从事后控制转变为全过程控制、与企业生产经营活动进行深度融合、提升财务决策支撑能力以及改进预算管理等方面，实现了管理会计职能的充分发挥，以推进企业向更好更快的方向发展。

第二节　加强集团企业预算管理与会计核算有机结合

本节主要针对集团企业预算管理与会计核算的有机整合展开深入研究，对集团企业预算管理和会计核算的异同点进行了深入分析，并提出了几点结合建议，主要包括加强信息技术的广泛应用、制定完善的预算审核制度、实施差异化处理方法、分析会计核算对预算的适应性、构建绩效奖惩机制等。这样能集中整合好集团企业预算管理和会计核算，以确保企业综合管理水平的稳步提升，并取得良好的整合效果。

在集团企业不断发展过程中，预算管理和会计核算是重要的工作内容，对企业生存发展产生了极大的影响。加强预算管理和会计核算的结合也变得越来越重要，这已经成为集团企业内部共同关注的话题之一。通过加强集团企业预算管理和会计核算的结合，可以促进企业生产经营活动的顺利进行，实现企业资源的高效利用和配置，并量化评估预算管理的项目完成情况，将企业预算管理工作落实到位，进而为企业的健康发展保驾护航。

一、集团企业预算管理和会计核算的区别和联系

（一）集团企业预算管理和会计核算的区别

要想集中整合预算管理和会计核算，必须将两者之间的区别和联系进行明确，这对于企业集团的发展尤为关键。其区别主要包括以下方面。

第一，不同的管理职能。对于预算管理而言，旨在严格控制企业经营活动、财务活动；而对于会计核算而言，旨在将企业各项生产经营活动充分反映出来。第二，不同的应用方法。预算管理在不影响管理目标实现的情况下，可以对各种方法进行应用，如增量预算、零基预算等，确保管理目标的顺利实现；而会计核算，只能对国家规定的核算方法进行应用，如历史成本计价原则等，防止出现人为调整现象。第三，不同的管理期间。对于预算管理而言，侧重于加强组织和分配，在企业事前计划和事中控制过程中，加大调节和控制力度；而会计核算，则要求事后反映企业生产经营活动。第四，不同的实施人员。会计核算要求国家专业人员进行负责管理，会计人员必须要具备相关资格，以便于将会计工作落实到位，其刚性要求比较显著；而预算管理，则没有体现出刚性要求。第五，不同的法律效力。会计报表是会计核算的成果，在会计报表对外公开以后，其法律效力比较显著，对于报告责任人来说，必须积极承担责任，确保报告具有高度的真实性和合法性；而预算报告则缺少良好的法律效力。

（二）集团企业预算管理和会计核算的联系

首先，有相同的目的。预算管理和会计核算，旨在促使企业战略目标的实现，并加强风险防范，以便于企业经营目标的实现。其次，有相同的实施手段。预算管理和会计核算，都要加强归集和分配等手段的应用。最后，有相同的加工对象。加工对象要以企业经济活动的原始数据为主。

预算管理和会计核算之间的关系是密不可分的，两者之间既有区别，也有联系。通过整合预算管理和会计核算，可以提升企业集团的基础管理水平，确保管理活动的顺利进行，并为预算管理的实施创造有利条件。其中，两者的密集程度比较高，计划关联到控制，控制关联到执行计划，进而形成了企业财务管理工作的循环。在企业财务管理循环中，要想落实好"记录实际数据"这一环节，必须要加强会计核算。而会计核算，需要相关会计法律法规的扶持。要想确保会计核算的合法性，就要尽量与企业预算管理需求相契合。这是企业管理者必须要高度重视的一大问题。

二、集团企业加强预算管理与会计核算结合的建议

（一）加强信息技术的广泛应用

在网络经济时代的强大推动下，必须加强先进信息技术的应用。对集成度较高的会计核算、预算管理软件进行应用，可以避免浪费较多不必要的核算时间，将会计人员的工作压力降至最低，使会计人员专心致力于全过程管控，如事前预测、事中控制以及事后分析等，并不断提高核算工作的细致性，以保证良好的会计信息质量，在最大程度上与企业管理需求相符合。

（二）制定完善的预算审核制度

1. 构建部门内部审查制度

对于集团企业管理者而言，要树立全新的管理观念，加强预算管理部门内部审查制度的构建，提升风险控制能力，充分发挥预算管理的作用，维护企业和员工自身的利益，落实好企业各项工作。

2. 构建审核监督机制

完善的监控流程，可以避免在预算执行和调整过程中，出现随意性行为。在部门内部，要加强专业监督团队的构建；各团队成员，要贯彻落实好审查制度，不断增强预算审核的规范性。

3. 加强精细化管理

一般来说，预算管理所涵盖的内容比较繁多，要进行不断细化处理。预算管理部门内的职责，要明确细分工作内容，不同人员所负责的部门预算是不同的，一旦出现问题，要进行全权负责管理。基于此，员工必须严格规范自身行为，提升预算管理质量，实现预算管理和会计核算的有机整合。要想保证数据真实性，企业还要合理缩编预算管理部门，确保预算部门可以对多个会计核算科目进行对接，进而避免出现员工录入虚假数据现象。

（三）实施差异化处理方法

预算管理和会计核算所属的体系是不同的，在体系的构建中，极容易出现差异化现象。在差异化处理方法中，首先是会计决定法。在预算考核期末阶段，预算管理部门要组织人员开展会议，深入分析和研究记录的差异性，并立即进行分摊。其次是账分法。要将相关责任人和责任主体的差异进行明确化，而且将账务处理的差异进行到位，会计人员要发挥出自身在账务处理中的作用。再次是不分法。在不可预计的项目中，将无法确定责任人的差异、新出现

的交易造成的差异等，不予以考核。最后是待分法。该类差异在当期考核过程中，很难保证考核的公正性和公开性，但是如果不进行考核，又很难进行解释。所以，在下期预算的修订过程中，要分析前期不可预计项目对预算的影响，滚存到下期预算中，以此来进行考核。

基于此，可以为整合预算管理和会计核算提供一定的依据。集团企业在会计核算成果的基础上，要进行适度化调整，以获取预算管理需要的数据。现阶段，在信息技术的强大推动下，积极整合会计核算和预算管理，对于提高管理效率具有极大的帮助。

（四）分析会计核算对预算的适应性

基于信息量视角，预算管理和会计核算具有高度的相通性，所以在结构层次和经济内容方面，预算报表体系必须要满足会计核算报表体系的要求，保证统一的主体、控制目标以及经济业务内容。在理论方面，核算单元划分到哪一级，预算编制和下达也要落实到具体层级之中；反之，如果集团企业要求在部门开始进行预算编制，则内部会计核算也要进行具体的细化，确保这两种预算提供的信息实现相互传递和鉴定。

（五）构建绩效奖惩机制

通过构建绩效考核机制，规范企业工作流程，避免出现预算松弛现象。加强绩效考核奖惩机制的构建，可以将员工行为进行规范化，引导员工树立高度的商业道德意识，并充分调动工作人员的工作积极性和主动性。在预算评估的奖惩制度中，要积极构建经济增加值薪酬激励模型，不断提高预算激励的长期性，确保员工的部分薪酬体现在经济增加值红利之中，以免员工出现短期行为。

在集团企业不断发展过程中，必须将预算管理和会计核算结合在一起，使之成为协调统一的有机整体，顺利推进企业经营管理活动，不断提高企业综合管理水平，最终致力于企业战略目标的实现。

第三节　管理会计在企业应用中存在的问题

新形势下企业发展水平的提升，使企业对管理工作的依赖程度加深。在此背景下，为了使管理会计在企业管理应用中的效果更加显著，则需要对其应用中存在的问题加以分析，找出相关的对策加以处理，使得管理会计能够达到现代企业科学管理方面的要求。基于此，本节将对管理会计在企业管理应用中存在的问题及对策进行系统阐述。

基于管理会计在企业管理方面的应用研究，若能对其在应用中存在的问题及对策进行深入探讨，则能使企业管理工作开展更加高效，增加其管理中的技术含量，扩大管理会计的应用范围。因此，在对企业管理中管理会计应用方面进行研究时，应重视对其中存在问题的分析，并通过科学使用相应对策，确保管理会计应用状况良好。

一、管理会计概述及其在企业管理中的应用价值探讨

（一）管理会计概述

管理会计，又称"分析报告会计"，是从传统的会计系统中分离出来，与财务会计并列，着重为企业进行最优决策，改善企业经营管理，增加企业经济效益的一种会计分支。实践中通过对管理会计的科学使用，可满足企业管理部门编制计划、作出决策、控制经济活动等方面的要求，且能实现对企业经济业务的分析和记录，增强企业决策制定与实施方面的控制效果。

（二）管理会计在企业管理中的应用价值探讨

为了使企业在管理中能够实现对管理会计的科学应用，就需要了解管理会计的应用价值。其具体表现为以下几点：①关注管理会计在企业管理中的应用，可实现其对企业生产经营过程的有效控制，直接参与企业决策制定过程，确保其管理工作开展有效性；②企业管理中若能重视管理会计的应用，可丰富管理会计管理工作内涵，保持管理会计良好的应用价值，且能满足企业与时俱进的发展要求。

二、管理会计在企业管理应用中的存在问题

（一）重视程度不够，专职管理人才缺失

企业管理过程中，由于对管理会计应用方面缺乏足够的重视，且与之相关的专职管理人才缺失，致使管理会计应用水平有所下降，对企业管理效果产生了不利影响。其具体表现为以下几点：①部分企业在开展管理工作时，由于对管理会计的功能特性了解少，思想上未能给予其应用方面必要的重视，导致管理会计在企业管理中的实际作用发挥不充分，间接加大了其应用方面的问题发生率；②一些企业在运用管理会计开展管理活动时，因这方面的专职管理人才缺失，在具体管理工作开展中所需的管理会计专业人才数量不足，致使管理会计在应用水平方面难以真正提升，会降低企业管理工作效率。

（二）理论与实践相脱节，实际作用发挥不充分

基于企业管理工作的开展，在应用管理会计的过程中，受到其理论与实践相脱节的影响，导致管理会计在企业管理应用中的实际作用发挥不充分。其具体表现为以下几点：①某些企业在运用管理会计的过程中，因相关人员对其理论知识掌握不充分，且对管理会计在企业实践中的应用状况缺乏深入分析，致使管理会计理论与企业实践方面联系不够紧密，从而降低了管理会计应用水平，且企业在生产实践中的管理效果会受到一定的影响；②受到管理会计理论与实践相脱节的影响，导致管理会计在企业管理中未能发挥出应有的作用，影响着相应管理工作的落实效果。

（三）其他方面存在的问题

实践中开展管理会计在企业管理应用方面的研究工作时，也需要对以下这些方面的存在问题有所了解：①因管理会计方面的法律法规、制度不够完善，导致其在企业管理中的应用过程缺乏有效控制，会使影响其应用效果的因素处理不及时，使得管理会计作用效果不明显，无法满足企业管理方面的多样化需求；②因某些企业管理人员的实践经验不够丰富、业务素质有待提高，加上对管理会计科学应用方面缺乏深入思考，导致管理会计在企业管理应用中的应用优势发挥不充分，相应的管理工作质量缺乏保障。

三、提升管理会计在企业管理中应用水平的对策分析

（一）重视管理会计的科学应用，加大相关人才培养力度

结合企业的管理要求，为了提升管理会计在企业管理中的应用水平，则需要给予管理会计在科学应用方面更多的重视，将切实有效的管理工作落实到位，实现对企业生产经营过程的有效控制。同时，应通过专业培训活动的积极开展、激励与责任机制的有效实施等，不断加大管理会计应用方面的专职人才培养力度，使得他们在企业管理工作开展中可发挥自身的专业优势，最终达到管理会计应用水平逐渐提升的目的。

（二）注重理论与实践的有效结合，加强管理会计作用效果评估

企业管理中应用管理会计时，为了提升其应用水平，则需要注重管理会计理论与实践的有效结合，不断提高其利用效率。这具体表现为以下几点：①企业及管理人员在实践中应充分考虑管理会计的功能特性、应用价值等，并将相关的理论知识应用于企业生产实践中，实现管理会计理论与实践的有效结合，

进而为其在企业管理中应用水平的提升打下基础；②企业管理活动开展中，为了实现对管理会计的高效利用，全面提升其应用水平，则需要加强管理会计的作用效果评估，及时消除相关的影响因素，确保管理会计应用有效性。

（三）其他方面的对策

基于企业管理方面管理会计应用水平的提升，也需要考虑以下对策的使用：①通过对形势变化的深入分析及丰富实践经验、创新理念等要素的整合利用，完善管理会计方面的法律法规及制度，使得管理会计在应用过程中能够得到有效保障，满足管理会计在企业管理中应用水平提升方面的要求；②完善企业绩效考核机制，重视对管理人员专业能力及基本素质的科学培养，从而为管理会计应用方面提供专业支持，不断提升管理会计在企业管理中的应用水平。

综上所述，在这些不同对策的支持下，可降低管理会计在企业管理中的应用问题发生率，满足相应管理工作质量可靠性方面的要求，优化管理会计的使用功能。因此，未来在提升企业管理水平、提高管理会计利用效率的过程中，需要给予管理会计在企业管理应用中存在问题方面更多的考虑，注重对适用性良好的对策使用，使得企业管理更加科学、高效。

第六章　管理会计的应用策略

第一节　建设中国特色管理会计理论体系

　　财政部于 2014 年 11 月 14 日发布了《关于全面推进管理会计体系建设的指导意见》，该指导意见明确提出要建立中国特色的管理会计理论体系。那么我国管理会计体系的核心内容该如何界定？如何结合我国国情来建立具有中国特色的管理会计理论体系？我国管理会计体系应用面临哪些挑战？这些问题值得我国会计理论与实务界进行深入研究。

　　为贯彻党的十八届三中全会的改革方针，建立和健全大国财政制度，夯实国家财政治理能力和治理水平，财政部提出"财政是国家治理的基础和重要支柱，会计是财政的组成部分"，并多次指出要加大管理会计的研究力度，着力在实际工作中推进管理会计的发展。为此，财政部发布了《关于全面推进管理会计体系建设的指导意见》（简称《指导意见》），作为全面推进我国管理会计体系建设的纲领性文件。

一、管理会计体系的中国特色解读

　　财政部于 2014 年 11 月发布了管理会计体系建设的指导意见，明确提出要建设具有中国特色的管理会计理论体系。可见作为会计工作的主管部门，财政部高度重视符合我国企业经营实际的管理会计理论研究和管理会计工具的推广应用。我国管理会计体系建设在哪些方面体现了中国特色呢？

（一）中国特色的管理会计定义

　　国外管理会计相关组织和会计学者根据各自的认识和把握，从不同角度对管理会计的定义进行了描述。我国现代管理会计奠基人和开拓者余绪缨则提出了中国特色的管理会计应具有的特点。此外，我国孟焰、汪家佑、李天民和温坤等学者也都对管理会计的定义进行了研究。

　　通过关于管理会计定义的文献综述可以看出，国内外管理会计相关组织和学者对管理会计的定义也是众说纷纭，存在着较大差异，目前并没有形成一个统一和规范的定义。

财政部 2014 年发布的《关于全面推进管理会计体系建设的指导意见》对管理会计进行了定义，即管理会计是会计的重要分支，主要服务于单位（包括企业和行政事业单位，下同）内部管理需要，是通过利用相关信息，有机融合财务与业务活动，在单位规划、决策、控制和评价等方面发挥重要作用的管理活动。

该《指导意见》中对管理会计的定义将管理会计服务的单位囊括了我国企业和行政事业单位，即要求我国行政事业单位也要高度重视管理会计工作。这可以说具有一定的中国特色。

（二）中国特色的管理会计体系建设目标

财政部 2014 年发布的《指导意见》，首次提出了我国管理会计体系建设的总体目标，明确了当前我国管理会计体系建设应分别从"管理会计理论体系、管理会计指引体系、管理会计人才队伍建设和管理会计的信息系统建设"四个方面予以落实和有序开展，从而最终使得我国管理会计接近或达到世界先进水平。

财政部作为我国会计事务的主管部门，对外发布《关于全面推进管理会计体系建设的指导意见》，统一部署企业和行政事业单位的管理会计体系建设工作，并提出了相关要求和总体目标。这充分体现了我国管理会计是在政府主导下的"系统工程和一把手工程"。这也说明了我国管理会计工作的全面开展具有中国特色。

（三）中国特色的管理会计体系实施思路

全面推进管理会计体系建设是财政部门贯彻落实全面深化改革重大决定、推进国家治理体系和治理能力现代化的重要举措。由此可见，管理会计体系建设不仅需要企业负责人高度重视，各级行政事业单位积极参与，更需要各级财政部门高度重视和积极推动。

笔者认为，我国广大企业应基于提高经营效率、提升价值创造能力、最终实现价值最大化和可持续发展的目的，来系统规划和深入推进管理会计体系建设。各级行政事业单位应从提高资金使用效率、规范预算管理、提高资产负债等角度，来推动行政事业单位管理会计体系建设工作的有效开展。

（四）中国特色的管理会计核心内容

近年来，部分管理会计工具，如全面预算管理、经济增加值、平衡计分卡、作业成本法、标准成本法、内部控制和风险管理等，也陆续在我国企业中得到了广泛应用。

二、中国特色管理会计应用面临的挑战

我国越来越多的企业开始重视企业内部的精细化管理，管理会计的作用日益被发掘，越来越多的会计人员也开始意识到只有做好管理会计，才能更大地发挥会计的作用，为企业创造出更大的价值。但是，我国管理会计体系建设依然面临着应用方面的各种挑战。比如，管理会计工具应用不太成熟、高端管理人才不足、管理会计信息化系统尚未全面普及、对管理会计的重要性认识尚未到位等问题不利于管理会计体系的全面实施。

（一）管理会计工具全面推广的条件还不太成熟

国外企业应用比较成熟和流行的管理会计工具主要有：经济增加值（EVA）、市场增加值（MVA）、平衡计分卡（BSC）、战略成本管理（SCM）、作业成本法（ABC）、供应链管理（SCM）、折现现金流量（DCF）、自由现金流量（FCF）等。这就需要对每一种管理会计工具在中国应用存在的问题和挑战进行针对性研究，建立适用于我国企业经营管理实际的具有中国特色的管理会计核心工具体系。

我国企业在管理会计应用方面也进行了较多实践。比如，国务院国资委2010年在中央企业全面推行的经济增加值（EVA）考核与价值管理体系建设。但是，当前我国企业在实际应用EVA管理工具过程中也存在一些突出问题和挑战。

经济增加值（EVA）是在对利润进行调整并扣除全部资本（债务和股东资本）成本基础上计算得出的，计算过程较为复杂，影响因素较多。因此，与目前企业普遍熟悉的利润指标相比，EVA指标比较抽象、不够具体，很难在企业被全员理解和掌握。企业"重投资、重利润、重规模"的经营导向依然很难改变。

目前国务院国资委的EVA计算细则对绝大部分央企采取统一的资本成本率（5.5%），部分军工、电力等政策性任务重、资产通用性差的央企资本成本率为4.6%。资产负债率高于75%的央企资本成本率再上升0.5个百分点。这样的资本成本率设置没有考虑到企业所处行业的盈利状况、资本规模、发展阶段、业务结构等差异性，导致EVA指标在中央企业之间的可比性较差，部分央企的 EVA 值和价值创造能力可能因此长期被高估。

资本成本率的高低直接影响 EVA 的高低。因此，资本成本率设置是否合理就严重影响 EVA 的准确性。由于我国绝大部分企业未上市，并且资本市场的报酬率数据失真较为严重，完全根据国外的资本资产定价模型（CAPM）来估算企业的资本成本率，可能会与企业的实际盈利水平严重背离。因此，如何差异化地合理设置不同行业的企业资本成本率给 EVA 和价值管理在企业的应用带来了较大挑战。

（二）高端管理会计人才较为缺乏

高端管理会计人才的缺乏是我国管理会计体系建设面临的关键挑战之一。目前我国大部分企业财务人员的工作侧重于财务报表和税务处理，不能较好地为单位高层管理者提供价值管理和项目投资决策的各种财务与管理信息。财务人员对企业经营业务关注较少，对业务部门的信息掌握不充分，不利于企业财务人员成长为决策型管理会计人才。

当前，我国高端会计人才，尤其是高端管理会计人才较为缺乏，其中能够较好地为企业管理层在战略制定、投资并购等决策中提供支持的高端管理会计人才严重匮乏。因此，要推动我国管理会计体系建设，推动企业管理创新能力提升，就必须大力培养高端管理会计人才。

（三）管理会计信息化系统尚未全面普及

财政部发布的《指导意见》要求企业和行政事业单位全面推进面向管理会计的信息系统建设。由此可见，管理会计信息系统建设也是我国管理会计体系建设面临的关键任务之一。虽然我国大部分企业已建立了比较成熟的企业管理信息系统（ERP），部分系统模块具备初步的管理会计决策功能，但标准、智能且成熟的管理会计信息系统目前尚不多见。

我国企业的管理会计信息系统应集成包括全面预算管理、资金集中管理、成本对标与控制、库存管理、资产管理、绩效评价、内部报告等核心功能模块。该系统应有助于充分实现财务和业务的全面融合，最终实现企业价值创造最大化和可持续发展目标。

我国行政事业单位的管理会计信息系统应集成包括资产管理、预算管理、资金管理、财政绩效评价、风险管理、政府财务报告管理等核心功能模块，从而实现行政事业单位提高治理水平的目标。

第二节　管理会计应对环境不确定性的再思考

　　尽管环境不确定性是一个普遍的社会问题，但管理会计作为一门以实用性为特性的学科，其对环境不确定性的应对将变得更为迫切。认识与把握环境不确定性这一基本特征，提高管理会计指导企业实践与其创造价值的相关性，是全面推进管理会计体系建设的一项内在要求。

　　随着企业经营方式的优化与拓展，及其经营范围或领域的不断深入，环境不确定性问题日益为人们所关注。冯巧根曾就环境不确定性下的管理会计对策提出过看法。他认为，管理会计主动应对环境不确定性是企业价值创造的客观反映，企业应以顾客价值创造为导向实现企业的价值增值。一方面，借助于管理会计信息支持系统对信息有用性加以甄别和判断，促进企业管理者对管理会计信息认知能力的提升；另一方面，运用行为动机理论，通过管理会计控制系统强化企业的控制机制，推动管理会计体系的发展与完善。

　　区别于财务会计，管理会计有其自身的特性，如其提供的信息及其开发的管理工具能够在实践中体现出可操作性与实用性，且为提高企业管理的效率与效果发挥积极的作用等。随着企业经营领域的全球化推进，企业面临的环境更为广阔，各种环境的复杂性与动态性使不确定性增强，企业的环境管理变得越来越重要。产生环境不确定性原因是多方面的，譬如资源管控能力弱，企业发展缺乏核心竞争力，或者管理会计的信息支持系统不够及时有效，管理会计的控制系统缺乏战略性，不够全面与深入等。因此，如何在既有的环境条件下，提高管理会计应对环境不确定性的竞争力，值得进一步研究。

一、研究背景及意义

　　一般而言，环境不确定性是指存在于企业组织边界之外，并对企业组织具有潜在直接影响的所有因素。正如王斌和顾惠忠所言："不管出于何种原因，现代企业所面临的外部市场的高度不确定性已是一种事实，经济全球化更是加剧了这种不确定性。"经济全球化，一方面，拓展了市场需求和要素供给，为企业（尤其是全球公司）提供了广阔的发展空间和巨大的盈利机会；另一方面，这种全球化的经营也使风险因素增强，并使企业置身于更加激烈的竞争环境之中。企业若要提高自身的核心竞争力，必须在管理思想和方法体系上有所创新与拓展，其中很重要的一项工作就是激发管理会计工作者的积极性。这是因为离开了他们的支持与帮助，企业竞争优势的获取将成为泡影。

　　研究管理会计应对环境不确定性的能力，可以从管理会计功能与作用的扩展来加以思考，即通过管理会计功能作用的改进与完善来增强其对环境不确定性的应对能力。冯巧根认为，要重视环境不确定性条件下的管理会计创新与发展问题研究。管理会计创新至少有三层含义：一是改革现有的管理会计理论与方法体系，通过优化机制建设来推动和配合其他方面的会计改革，进而促进企业管理的发展；二是改革现行的会计管理体制来适应新的情况，消化制度变迁给管理会计机制产生的压力，实现管理会计自身的可持续发展；三是通过管理会计工具的创新来建立新型的管理会计理论与方法体系。总之，以环境不确定性为主题开展管理会计的相关性研究，其出发点与归宿点还要落在管理会计自身上。研究的目的是为管理会计理论与方法体系的构建提供环境认知方面的知识基础，同时适应新的经济形势，为企业核心竞争优势的获取提供价值管理与价值创造的动力。

管理会计与环境不确定性关系的探讨是管理会计变迁与发展问题研究的基础，积极寻求管理会计应对环境不确定性的对策与思路是经济新常态下企业面临的一项重要选题。加强这方面问题的研究有其积极意义，具体表现在两个方面。一是理论意义。从理论上讲，环境因素是理论构建的最基本要件之一，离开环境问题谈管理会计理论与方法体系建设，必定助长"空中楼阁"的蔓延，结果是"中看不中用"，达不到理论指导实践的效果。尤其在"互联网+"及《中国制造2025》等以移动互联网为代表的新经济驱动下，管理会计如何为"大众创业，万众创新"提供有效的管理工具或方法，如何发现符合经济新常态下的管理会计信息支持系统与控制系统的新方法或新手段，需要进行理论的提炼与深入的总结。二是实践意义。从实践角度分析，管理会计工具一般具有较强的专用性特征，它主要是在案例研究的基础上形成与扩展的，即它是在某一家企业或某几家企业基础上总结概括而成的方法体系，具有很强的情境特征。如何甄别各种工具或方法的功能差异，并使其在企业实践中发挥更为积极的作用，需要企业结合环境因素，尤其是针对环境不确定性进行管理会计工具的整合与创新。换言之，管理会计工具或方法体系需要结合对环境不确定性问题的认知，认真而全面地加以研究与改进。否则，其实用性与有效性将大打折扣，可能还会带来某些负面的影响与效果。

二、对环境不确定性的认识

环境不确定性问题是一个比较宽泛的社会话题，如何结合环境不确定性来认识管理会计的功能与作用，并提高管理会计对实践的指导性与相关性，需要对环境不确定性问题有全面而深刻的认识。从企业角度讲，影响企业的环境因素很多，有时某些因素的影响程度可能并不明显，往往不被企业重视。随着信息技术的发展与企业经营范围的全球化推进，企业必须认真面对环境不确定性这一现实，并且处理好相关的环境不确定性问题。唯有如此，企业才能保持控制的高效率以及经营的高效益。从经济学角度讲，信息不对称是产生不确定性的原因之一，即由于缺乏足够的信息，决策人进行决策时往往对外部环境的认知不足，很难针对不确定性的环境作出准确的判断。环境不确定性增加了企业各种战略失败的风险，使企业计算与各种战略选择方案有关的成本和概率发生困难。

企业试图通过分析环境因素使这种不确定性的影响降低，或者力求将各种环境因素的影响减少到使人们能够理解和可操作的程度。美国学者邓肯认为，应该从两个维度来确定企业所面临的环境不确定性：一是企业所面临环境的动态性；二是企业所面临环境的复杂性。企业的环境大致分为五种形式：一是渐进型变化环境；二是干扰型变化环境；三是周期性变化环境；四是相机型变化环境；五是随机型变化环境。以往的管理会计虽然注意到了这种环境管理的不确定性，但考查的视野还比较窄，采用的主要手段是进行决策模型设计和敏感性分析模型的构建等，没能从理论的高度形成管理会计决策与分析的应变机制及方法体系。近年来，权变理论在管理会计研究中的广泛应用，就是试图从更灵活的视角来观察企业的价值管理现象。

结合管理会计来认识环境不确定性，需要将组织模式的变革和企业生产方式及其工艺的改进等联系起来予以思考。通过对企业组织结构的调整、管理方式的变革等深入考查，可以对企业组织这一领域的环境不确定性有一个全面而正确的认识。具体可以从以下两个方面加以讨论。

（一）组织变迁引发的环境不确定性

单一企业组织的管理向企业群组织之间的管理转变，使企业面临的环境具有动态发展的不稳定性等特征。针对这种环境不确定性，管理会计的应对方法之一是实施组织结构的调整：一是设置对应于外部环境的缓冲部门；二是将传统机械的组织结构转变为权变灵活的组织结构。组织变迁是一种客观必然，这是因为，随着经营范围的扩大，企业之间的相互依赖程度就会增强，企业与企业之间沟通、交流以及商业往来往往就会增多，传统单一企业稳定、主导的管理方式就会转变为动态、不确定性的管理方式。组织边界的日益扩张，使组织间的产品生产与分工合作变得更加密切。基于产业链的资源整合与信息集成，要求组织间实施战略合作并实现信息共享。此时，管理会计的重要性被突显出来。管理会计能够借助信息支持系统，为企业发展提供财务与非财务信息。管理会计信息涵盖企业管理者需要的全方位的信息内容，包括战略、经营决策和管理活动等各个层面。管理会计为企业进行明智、科学的决策提供帮助。与此同时，管理会计控制系统通过利用这些信息，帮助企业规划发展战略，并努力提升企业的核心竞争力，进而建立起长期的竞争优势。譬如，围绕产业集聚区域的企业上下游价值链活动，通过各种长短期契约（尤其是长期契约），或者股权投资（如参股）、建立经营共同体（如创办合资、合作企业等），或者采用并购等资本经营方式，强化企业间的横向联系，扩展企业边界，实现组织间价值链的整合与优化，实现信息共享、利益合理分配等集群目的。

为了有效应对组织变迁下的环境不确定性问题，管理会计需要考虑各种与组织相关的影响因素，增大信息含量并据此开展预测。管理会计信息支持系统应用的"大范围信息"就是结合大数据内容进行整合和甄别后的信息。互联网时代的"大数据"给管理会计带来新的机遇，提高了管理会计应对环境不确定性的能力。与传统分析时代的样本分析与局部分析不同，互联网新经济时代的大数据技术是一种知识的分析，它通过物联网将传感器与外界联系在一起，企业自主"捕捉"信息，需要的留下，不需要的放弃，充分利用信息，及时反馈信息，真正实现了管理会计事前、事中与事后的结合。面对这种新情况，企业应该善于应用"大数据"开展环境不确定性的应对，加快管理会计创新，具体包括产品创新、运营模式创新、业务模式创新等各项活动，同时推动管理会计工具的开发与创新。由此可见，基于大数据的"大范围信息"是管理会计应对环境不确定性的一种重要手段，它有助于减少或消除环境不确定性带来的负面影响，实现管理会计为企业价值创造和价值增值服务的基本目标。

（二）职能转变引发的环境不确定性

经济新常态下，企业的职能管理需要向流程管理转变，需要主动适应经济结构转型升级以及企业发展曲线增长的新特征。这种"新常态"使环境不确定性的复杂性变得更加突出，更加难以控制。以往，在企业传统的职能管理体制条件下，管理会计存在的主要问题是成本转嫁、预算松弛和资金游戏等逆功能现象，虽然也具有一定的复杂性，但其发生与应对的规律已基本为人们所掌握。然而，从单一企业向多企业协作的转变过程中，这种传统的职能管理方式不仅使原有的规则不再有效，且不利于组织间整体竞争力的提升及总成本的降低。为了积极应对环境不确定性，组织间关系管理要求对传统的职能管理系统进行拓展与集成,提高管理会计的权变性。譬如,延伸管理会计控制系统的时间坐标,扩展管理会计控制手段与方式的空间范围,以及增强和加深组织经营与投资过程中的管理会计功能和结构等。

随着企业从职能管理向流程管理转变,管理会计信息支持系统增强了自觉应对的内在行为动机,即积极满足组织对管理会计工具或方法应用的多主体、多区域、多阶段、多职能的整合与集成需要,提高控制与管理的效率与效果。此外,为了提高管理会计应对环境不确定性的相关性与有效性,进一步完善与发展管理会计的控制系统,加强内部控制制度体系与管理会计控制制度的协调与沟通十分必要,且在当前具有积极的现实意义。换言之,通过管理会计控制系统加强管理会计应对环境不确定性问题的研究已不可或缺。

三、管理会计功能扩展与环境不确定性

传统的管理会计功能体现的是一种"自上而下"的传导路径,是管理会计内容的一种延伸。自 20 世纪 80 年代初期引入管理会计以来,各类教科书几乎没有对管理会计内容进行有成效的改进与创新。面对经济新常态下的外部环境,尤其是在环境不确定性的条件下,积极扩展管理会计功能是会计界面临的一项重要课题。

(一)管理会计概念视角的功能作用

财政部 2014 年 10 月正式发布的《全面推进管理会计体系建设的指导意见》(以下简称《指导意见》)对管理会计概念作了如下表述:"管理会计是会计的重要分支,主要服务于单位内部管理需要,是通过利用相关信息,有机融合财务与业务活动,在单位规划、决策、控制和评价等方面发挥重要作用的管理活动。"而同一时期,英国皇家特许管理会计师公会与美国注册会计师协会携手推出的《全球管理会计原则》(以下简称"全球原则")中对管理会计的定义为:"管理会计通过全面分析并提供一些能够支持企业开展计划、执行与控制战略的信息,来帮助企业作出明智的决策,进而创造价值,并保证企业持续性地成功。"财政部《指导意见》中的定义针对的是所有关心管理会计的人群,采用的是介绍性的表述方式,其界定了管理会计的外延(它是会计的一个组成部分),明确了管理会计的定位(单位内部管理需要)及功能作用;而英美"全球原则"中的定义针对的是会计人员,它着重强调的是管理会计的功能作用,在该定义的内容上,首先表明管理会计的信息功能,其次强调管理会计控制功能(明智决策、创造价值及可持续成功)。尽管这两个定义存在较大的表述上

的差异，但两者在管理会计功能作用的表述上却是基本相同的。财政部《指导意见》定义中的"发挥重要作用"，就是要求管理会计能够为企业科学决策（明智决策）、价值增值（创造价值）和持续性成功提供保证。

应该说，英美国家管理会计实施的时间长、经验丰富，人们对管理会计的认知也较为全面，不需要再对管理会计的外延等加以说明；而中国管理会计的应用时间短，许多人对管理会计的认知还处于模糊阶段，所以在概念中多一些解释性的文字也是正常的。当然，各国文化价值观不同，在概念表述上采用不同的形式也属于一种正常现象。总的来说，我国的管理会计体现的是政府导向与市场化自主导向的统一。管理会计定义充分体现了经济新常态下会计工作所具有的包容、持续、健康发展的内涵或特征。结合上述两种定义的解读，管理会计的功能作用主要体现在三个关键词上，即"价值增值""管理会计信息支持系统"和"管理会计控制系统"。或者说，管理会计就是企业组织围绕信息支持系统与管理控制系统，以实现价值增值这一目标而开展的一系列管理活动。管理会计的功能作用就是要在为顾客创造价值的同时，努力实现自身的价值增值，即开展所谓的"顾客价值创造经营"。这种"顾客价值创造经营"有两种手段。①信息支持系统。它是一个通用、客观、透明的精细化价值驱动因素分析与决策的信息平台。②管理控制系统。它是一个基于价值驱动因素分析后对组织经营活动的行动规划、细化与管理控制的控制体系。

（二）应对环境不确定性的管理会计功能扩展

传统的管理会计功能是按内容延伸的，其作用往往较为滞后。国内现有的一些管理会计书籍一般将管理会计的功能归纳为以下五个方面：①计划功能；②控制功能；③决策功能；④成本管理功能；⑤激励功能。这种功能定位已难以适应当前环境不确定性条件下管理会计发展的客观需要。结合上述财政部《指导意见》和英美"全球原则"对管理会计的定义，可以将管理会计功能作用归纳为以下两个方面。一是信息支持系统的功能作用。它通过业务经营、流程、作业分析等，进行相关成本计算，收集并提供各种管理信息，如产品成本信息、产品及作业质量信息、时间信息、产品及顾客盈利性信息等，从而支持管理者进行决策与控制。二是管理控制系统的功能。其主要环节包括：①在明晰组织长期目标与战略的基础上，将组织的中长期目标与战略规划具体化，使之可衡量、可执行；②组织结构与流程调整，即根据环境变化及管理跨度需要，设置与组织目标相一致的组织架构与业务流程，并根据业务流程与组织架构分配权利、责任；③任务设定，即为组织目标设定和选择行动计划，识别具体的关键业绩衡量指标或"价值驱动因素"，为业绩指标设立标杆并分配实现业绩所需的资源；④实施控制，即主要通过信息报告监督战略实施与执行情况；⑤业绩评价，即评估分析战略执行的成功度，实施经营业绩和管理业绩评价，并将评价结果与奖惩相挂钩。这种依附于管理会计两大系统上的功能定位使管理会计实现了"一体两翼"（以价值增值为"体"，以信息支持系统和管理控制系统为"翼"）的功效。

可以结合企业的情境特征对管理会计功能进行自行定位或价值判断。通过明确管理会计两大系统的功能作用，可以加深人们对管理会计的认识，并提高管理会计的主动性与自觉性。将管理会计功能定位在两大系统上，既有助于其应对环境不确定性产生的各种负面影响，还可以提高管理会计的市场化属性。这种设计与法国管理会计界提出的管理会计功能结构具有相似之处，即从两个视角来观察管理会计功能。法国管理会计的两大坐标分别是，①经济计算功能和信号传递功能；②生产、技术导向和组织结构的功能。上述形式的功能划分有其积极意义：一则它的包容性强，有助于拓展管理会计发展的空间；二则它为各种管理会计理论与方法的发展提供了一个分析的框架结构。并且，借助这一框架，增强了企业应对各种外部经济、金融等国内外环境不确定性的信心与能力，为企业提高核心竞争力提供了有力的武器。

四、提升管理会计相关性，积极应对环境不确定性

传统的管理会计控制局限在单一企业的视野，应扩展控制的边界，增强企业行为动机的自主性与能动性。这是因为，"行为动机与管理会计的控制系统具有相关性"。为了优化管理会计的控制机制，可以将经济学理论中的"经营权控制"与"剩余权控制"等概念引入到管理会计的控制系统中来，并灵活地加以应用。在经营权控制中，传统的预算管理、标准成本等工具能够为组织的业绩评价等产生积极的效果。应用现代的管理工具，如作业成本管理、资源消耗成本管理及平衡计分卡与经济增加值等，则可进一步提升管理会计控制系统的效率。剩余权控制是当前探索激励约束机制的管理概念，组织的上层管理者需要明确地设计出一种能让组织成员接受与理解的价值观和方法论。剩余权控制的规则制定是规范具体行为的控制系统。剩余权控制中的"剩余"概念有助于创新，同时还可以防止组织成员行为的过激，起到制约组织行为的功效。

（一）价值增值视角

管理会计的价值增值，既要强调企业的价值创造，更要突出企业的价值

实现。这是因为在环境不确定性大量存在的情境下，创造价值并不等于实现了价值增值。管理会计的价值增值是企业内在价值与外在价值的统一。从企业的内在价值考查，企业组织必须努力创造顾客价值。顾客价值指的是顾客感知价值，它是感知利得与感知利失之间的权衡。彼德·德鲁克说过，企业的目的只有一个正确而有效的定义，那就是创造顾客。管理会计就是要实现"顾客价值创造经营"。外在价值代表的是由外部投资者认可的企业投资价值，就上市公司而言，其直接的反映便是股票市值。内在价值与外在价值的统一，使企业价值管理上升至战略的高度，并从企业治理的全方位、全过程上加强价值的运筹，最终实现企业组织的价值增值目标。进入 21 世纪以来，企业的一切价值管理活动已经转向顾客价值创造经营，即通过为顾客创造价值来获得企业的价值增值。从价值增值视角考查环境不确定性的应对策略，是管理会计体系建设的重要内容之一。

（二）信息支持系统视角

管理会计作为一种信息支持系统，是一个通用、客观、透明的精细化价值驱动因素分析与决策的信息平台。它通过经营活动、流程设计与再造以及作业活动分析等，对这些经济活动进行成本计算、收集和整理，并据此提炼出各种管理所需的财务与非财务信息，具体如产品成本的信息、产品及作业质量信息、时间信息、产品及顾客满意信息等，以支持企业的管理者识别、判断其有效性，服务和优化企业的经营管理决策。管理会计的信息支持系统要注重培育企业的文化价值观。"任何企业的组织文化都与管理会计的信息认知相关。"组织文化的解释与传递功能能够增进企业对信息的认知，并在应对环境不确定性上对管理会计功能产生影响。

如果不重视企业文化在应对环境不确定性方面的重要作用，往往易使企业面临重大的风险并发生巨额的亏损。譬如，20 世纪 80 年代日本成为世界制造中心后，开始高调收购美国的资产，其中包括火石轮胎公司和好莱坞的哥伦比亚影业公司。但是，几乎没有一桩收购案能给日本买方带来预想的收益，大部分日本公司在美国的收购都以惨败告终，火石公司和哥伦比亚影业的收购最后分别损失了 10 亿美元和 32 亿美元。虽然这种收购失败存在着多种因素，但其中最为重要的原因还是合并双方不能克服国民和企业层面的文化差异。因此，当前在环境不确定性分析中引入企业文化，重视企业组织的行为动机是极为必要的。再以房地产企业为例，通过管理会计信息支持系统对房地产企业进行价值识别，可以增强企业价值增值的效率与效益。以快速周转为盈利模式的住宅房产开发企业，其管理的重点应放在地块的获取、规划设计、施工建设及销售回款等项目周期管理的各个环节，即要求以快取胜。而采用高端特色产品开发为盈利模式的房地产企业，其管理的重点应放在产品本身的位置及设计理念、材料的选择等方面。商业地产与住宅地产的盈利模式同样存在差异，商业地产通过其持有的物业租金和物业的增值来获利。因此，与商户的合作管理变得十分重要。不同的商户在盈利贡献方面的情况是地产公司衡量不同客户盈利能力的基础。由此可见，信息支持系统是管理会计控制系统有效发挥作用的前提与保障。

（三）管理会计控制系统视角

从应对环境不确定性的视角看，管理会计控制系统是增强价值实现的功能机制，具体包括四个方面。①价值创造中的能力管理。一是战略定位，即保证企业组织的战略方向不异化，持续提升企业的市场竞争力；二是价值创造，通过作业管理反映价值、战略管理规划价值、业务战略创造价值、风险管理保护价值等手段，提升管理会计控制系统的效率与效果；三是价值链分析，借助于企业价值链、行业价值链及竞争对手价值链分析，将供应链管理向需求链转变，从单一企业的管理会计向企业集群的管理会计方向升级与优化。②价值实现中的价值流管理。价值流指企业内实现某一特定结果的一连串活动。管理会计控制系统需要对企业的价值流进行重构，减少各条价值流中的无效活动，一般可以通过全面质量管理、业务流程再造等手段加以甄别。价值流是价值链的扩展，是动态发展的。它强调顾客满意这一基本需求，并关注其价值贡献与价值流的横向联系。③价值实现中的成本管理。成本管理是企业价值增值中一项最基础的工作，主要包括作业动因与成本动因等。从价值管理的角度看，作业动因是创造价值的源动力。成本动因可以进一步细分为结构性动因（如规模、地点选择等）、执行性动因（如供应链关系、发生的次数等）。④价值创造中的资金管理。企业价值增值必须强化资金控制，管理会计中的资金管理主要体现在预算管理、责任中心管理等资金计划执行情况的管理。

结合前面提出的管理会计"一体两翼"的内涵，相应的"环境不确定性与管理会计的相关性"认识也可以从"一体两翼"涉及的三个关键词入手加以展开。

本节是对环境不确定性下管理会计对策的再思考。全文对环境不确定性进行了再认识，对财政部及英美国家的管理会计定义进行了比较与分析，同时从功能扩展的视角提出了管理会计的"一体两翼"观点，并围绕"价值增值"与"信息支持系统"和"管理控制系统"提出了应对环境不确定性的具体对策与思路。

本节强调的一个基本观点是，环境不确定性的综合治理必须始终坚持价值增值的信念不动摇。管理会计的信息支持系统是环境不确定性条件下管理者履行价值增值责任的重要手段。当组织成员与组织的知识创造结合时，必须拥有价值增值理念。价值增值促进了企业的计量与披露，借助于价值增值动机也能够充分映射出管理会计控制系统的重要性。

展望未来，管理会计应对环境的不确定性，可以进一步将心理学与社会学等观点应用于管理会计的研究之中，更多地展现多学科理论整合的潜力，并为管理会计的发展提供新的方向。今后，从社会与文化的视角来重新审视管理会计，并引入认知学理论来看待管理会计文化对环境不确定性的表征传递效果，可以说是一种创新。

第三节　加强管理会计人才队伍建设

财政部《关于全面推进管理会计体系建设的指导意见》明确了管理会计人才培养的方向，提出了以理论、指引、人才、信息化为主体，同时推动管理服务市场发展的"4+1"管理会计体系基本框架。如何在新经济常态下提升我国管理会计人才队伍水平，建立健全人才能力框架，完善认证制度成了管理会计发展的首要任务。

我国有 1660 万会计人员（总会计师 20 万人，会计领军人才 1000 余人），为经济社会发展作出了巨大贡献。但是我国还仅仅是一个会计人才大国，而非强国，会计人才队伍的建设偏重于核算与信息解释型会计人才，而价值创造型管理会计人才严重缺乏，缺口达 300 万人以上。并且，现有会计人员素质参差不齐，缺少扎实的管理会计理论知识与实践经验，与价值创造型会计人员标准存在较大差距，不能为经济社会健康发展提供足够的人才与智力保障。

一、加强我国管理会计人才队伍建设的必要性

（一）人才是推动管理会计改革的关键

为了适应加入世界贸易组织（WTO）后的国际经济新秩序，契合我国经济发展新常态，国务院、财政部于 2002 年首次提出了人才强国战略，2010 年又发布了《国家中长期人才发展规划纲要（2010—2020 年）》，对人才的发展进行了顶层设计。之后习总书记对人才战略多次作出重要指示，管理会计人才作为维护市场经济秩序不可或缺的力量，一直以来受到党和国家的高度重视，并且取得了显著的成绩。2010 年，财政部颁发了《会计行业中长期人才发展规划

（2010—2020 年）》，2014 年又颁布了《财政部关于全面推进管理会计体系建设的指导意见》，明确了我国管理会计改革应该由核算与信息解释型人才向价值创造、风险控制、战略规划、信息技术等方面转化，明确了人才作为管理会计改革的首要方面。

（二）人才是提升财务管理水平的关键

随着我国海外并购、海外投融资、国际援助等"走出去"战略的实施，企业面临来自资金、技术等冲击，更面临管理模式的压力，提升我国企业财务管理水平成为不二选择。如何培养一批熟悉国际会计规则、能够独立进行成本控制、预算控制、战略统筹、风险控制的管理会计人才，挖掘我国企业的核心竞争能力，积累面对国际市场竞争的经验也成为管理会计改革的必然选择。

（三）人才是单位经济结构转型的关键

经济的发展对会计人才提出了更高的要求，如何在经济新常态下成功地实现供给侧改革、实现单位经济结构转型，是将社会主义事业稳步推向前进，实现各项社会主义建设目标的必要保障。管理会计作为应对经济新常态的重要工具，要坚持价值导向与战略引领，充分利用信息技术资源，健全预算控制、风险决策、战略决策、薪酬管理等体系，积极地开展从业人员学术交流、业务培训、教材编写、案例研讨与推广。

二、我国管理会计人才队伍建设现状

（一）人才培养机制尚未建立

美国《商业周刊》在 2014 年发表的文章《中国经济增长继续乏力》一文中提出："中国经济增长基本来自设施和劳力的投入，而管理水准的提升带来的增长微乎其微，这样的增长方式是非可持续发展的。"虽然我国从 20 世纪 70 年代就开始试水管理会计（当时并未明确称谓），但是会计从业人员对管理会计认识处于完全陌生的状态，这是长久以来并未建立完善的人才培养机制而带来的直接后果。2014 年是我国管理会计改革元年，人才培养机制应该作为此项工作的首要任务并立即着手解决。

（二）企业缺乏积极认识

国外企业十分重视管理会计在日常经营中的作用，其会计人员 75% 会参与到管理会计工作中，而我国这一数字是不足 3%，差距显而易见。这也是为什么中国企业缺乏战略思维、顶层设计思维、国际核心竞争力的主要原因之一。

管理层缺乏对管理会计在运营中重要作用的认识，过分注重短期经营成果，部分企业管理层对管理会计持消极态度，这也影响了其在我国的推广步伐。

（三）高校人才培养模式不健全

由于管理会计工作深入开展才刚刚起步，作为世界第二大经济体，中国渴求大量的管理会计高级人才。如何在较短时间内完成较多数量、较高素质人才的培养，也成为摆在政府主管部门面前的一道难题。高校作为培养主体，承担了艰巨的任务并取得了显著的成绩，但是仍然没有跳出理论与实际脱钩的困境，导致高校培养的部分从业人员不能适应岗位的需求，过多集中于低端人才，高、精、尖人才严重缺乏。高校在课程设置、实践实训、师资队伍、教学投入等方面仍然需要改革。

（四）职业资格与继续教育管理不完善

我国目前没有完整的管理会计职业资格认证体系，缺乏权威体系的人才培养评价渠道，造成从业人员素质参差不齐。管理会计工作水平评价只能通过经营业绩模糊反应，无法取得可以量化的评审指标。从业人员通过自学、继续教育的方式获得零散的知识积累，其工作也无法获得组织或社会的认定认可，这严重影响了从业人员自我提升的积极性。继续教育知识体系不规范、授课人员缺乏、认证制度未建立等也成为管理会计人才队伍建设的阻碍。

三、管理会计人才队伍建设的途径

（一）建立健全人才培养机制

管理会计作为新生事物，没有自上而下的人才培养渠道，而我国有比较成熟的会计从业人员培养机制，从财政部到地方财政局有科学系统的培养路径，可以在沿用此渠道的基础上消化吸收西方的经验，完善管理会计从业资格、职业技术等级、行业协会注册资格等类型考试，或者将管理会计职业资格与现行会计职业资格考试融合。当然这样会增加会计从业难度，不过这也是会计人员适应新经济常态的必然代价。

（二）提高人才培养意识

通过媒体与政策倾斜，从政府主管部门层面自上而下积极营造推行实施、积极参与、主动介入、主动提升的氛围，加强对企事业单位财务管理层的培训与引导，从领导层开始转变管理会计观念，提高管理会计在实际应用中的地位。单位可以建立统一领导、专人负责的管理会计内控制度，选拔专门人才进行管理会计的推行与实施，实现其与财务会计在职能层面的分离，以便于其直接为决策层提供有效数据。

（三）重视高校对人才培养的作用

我国目前对管理会计人才的培养主要是以学历教育为主，继续教育作为补充，资格考试、提升培训并行。高校作为人才培养工作的前沿阵地，应该积极承担教改工作，通过对典型企业的深入调查与研讨，充分凝聚行业专家、监管部门、科研院所等的智慧与力量，"集众思，广众益"，在保证质量的基础上，改革现有课程体系，使其更加符合社会对管理会计人才的要求，改革实践模式，完善师资队伍，调整培养目标，紧紧围绕市场需求培养合格的人才。国家要从政策层面强化企业对管理会计人才培养的责任，加强校企合作，为高校学生提供优质的实践实训平台。

（四）完善职业资格与继续教育机制

尽快建立管理会计职业能力框架结构，为资格准入提供导向，从国家层面尽快建立管理会计职业资格准入与评价体系，系统、科学地制定考试大纲和内容，严把准入门槛，切实提高从业人员的素质，以适应高速发展的社会经济需要。为了节约时间与成本，可以在现有会计考试渠道基础上建立"3+1"的考试制度，即"初级、中级、高级＋注册管理会计师"制度，选取会计领军人物、总会计师及行业专家组成指导委员会，编制与经济发展需要相适应的教材，从战略制定、预算控制、内部管理、成本控制、风险控制、信息技术、企业合并、绩效评估等决策层面丰富考试体系。通过外引内培的方式提升人才队伍整体素质。结合手机应用程序、面授、远程教育、自主学习等方式，建立定期继续教育机制，更新从业人员知识结构，训练其专业技能，使其掌握前沿的管理会计动向。

在经济新常态下，管理会计人才的培养与储备任重道远，挑战与机遇并存，我们错过了良好的发展机会，《财政部关于全面推进管理会计体系建设的指导意见》的发布为我们吹来了管理会计改革的春风。我们坚信，管理会计从业者一定会把握住时代的脉搏，乘风破浪，直挂云帆。

第四节　建立健全管理会计信息系统

在企业中构建管理会计信息系统，可以降低信息服务的成本，提高企业的经济效益，因此对在企业中构建管理会计信息系统进行分析，可以促进企业的进步和发展。本节主要针对企业构建管理会计信息系统过程中的目标设计环节、企业构建管理会计信息系统要遵循的原则，以及企业构建管理会计信息系统的主要思路三个方面进行了探讨和分析。

随着社会的进步和经济的发展，全球都在朝着信息化的方向发展，为了降低企业中管理会计信息工作的成本，提高企业的经济效益，企业可以结合自身的发展需要和实际情况在内部构建管理会计信息系统。这样不仅可以提高企业中信息服务的质量，还可以在很大程度上扩大企业信息服务的范围。

一、企业构建管理会计信息系统过程中的目标设计环节

（一）通过管理会计信息系统的构建实现对全民的信息化服务

从企业管理会计信息系统所服务的对象这个角度来说，企业中所有管理者所需要的全部信息都应该被管理会计信息系统交互起来，这样才能尽可能地使企业内部中每一个有信息需求的领导阶层人员或者一般工作人员能够通过信息系统来获取其所需要的不同种类的信息。也就是说，企业中会计信息系统为企业中工作人员所提供服务的范围具有一定的全局性，同时所服务的对象则具有一定的全员性。因此，管理会计信息系统的建立是将整个企业的稳定发展作为基础的，并不是单纯地为了给企业中的高层管理人员提供信息服务。由于会计信息系统的最主要功能就是为有信息需求的企业内部工作人员提供相关的信息，这就需要对企业中每一个会计管理部门和单元的信息需求进行全面的调查和了解。针对企业中不同层次、不同级别的管理者对于信息的不同需求，企业中管理会计信息系统就要对服务对象以及不同服务对象所需要的信息内容进行全面细致的梳理。

（二）通过管理会计信息系统的构建实现全网信息的交互

在进行企业管理会计信息系统构建的过程中，信息系统中的每一个与信息相关的主体以及终端都要在系统中成为相关信息的提供者以及使用者。从根本上来说，在企业中建立管理会计信息系统的目的就是在一定程度上降低信息服务的成本，同时提高企业中信息服务和信息传播的质量和效率。需要注意的是，企业中的管理会计信息系统应该尽可能地让每一个管理人员都能够成为对会计进行有效管理的信息终端。具体来讲，管理人员通过相关的管理工作得出信息和数据，然后将信息和数据输入会计信息系统中，信息系统对这些信息和数据进行整理和加工。如果其他管理者有相关的信息需求，那么信息系统就能够为其提供相应的信息服务，即提供管理者所需要的会计信息和数据。

二、企业构建管理会计信息系统要遵循的原则

（一）遵循战略导向原则

企业内部在构建管理会计信息系统的过程中，首先就要从管理会计工作的根本目的和本质要求出发，也就是要严格遵循战略导向原则。具体来讲，企业发展和规划过程中的战略方向是在企业中构建管理会计的基础。同时，管理会计系统的核心价值就是为企业的发展和进步提供连续的价值和动力。企业通过构建管理会计信息系统能够实现可持续发展。基于此，企业在进行管理会计信息系统的构建时应该始终将企业战略导向作为构建系统的重点之一，管理会计信息系统的发展应该与企业的战略导向相吻合。同时，管理会计信息系统还要具备对企业中组织的绩效进行关注的功能，这样才能通过管理会计信息系统来实现对企业重要组织的有效控制，使其运行和发展与企业战略导向相适应。

（二）遵循企业中全员管理支持的原则

从一定程度上来说，企业中的管理会计信息系统能够为各个责任单位、不同的管理部门，甚至可以说为企业中的每一个工作人员提供信息服务，责任单位、企业中的管理部门以及企业中的全体工作人员在应用管理会计信息系统的过程中，要么是信息的提供者，要么是信息的使用者。企业的工作部门在具体应用管理会计信息系统的过程中，要将工作的环节和流程作为基础，同时还要应用一些管理会计工作中会涉及的工具或者方法，尽可能地实现部门中财务和业务工作的结合，这样才能在部门的日常工作中充分发挥管理会计信息系统的作用。在这种情况下，管理会计信息系统就能够得到进一步的发展，进而管理会计信息系统在企业内部不同部门的工作中就能发挥更大的作用。

（三）遵循管理会计信息共享的原则

从信息成本的专业理论角度来看，企业如果能够在一定程度上降低信息工作所需要的资金成本，那么企业的经济效益就能够在很大程度上得到提高。管理会计信息系统在企业中运行和工作的重要作用之一，就是尽可能地降低企业进行管理会计信息工作的资金成本以及人力、物力资源消耗，同时，还要提高管理会计信息的准确度和实效性，这是管理会计信息系统在企业发展中发挥较大作用的基础和前提。也就是说，要增强管理会计信息系统在企业相关工作中所发挥的作用，首先就必须完成管理会计信息的集成工作和共享工作。相关的工作人员完成了信息采集以及对相关的数据进行整理和加工的工作之后，便将

这些数据和信息全部储存在一个存放专门数据的数据库当中。即便是管理信息的不同主体有相同的管理会计信息需要时，也可以通过信息系统来查询相同的数据和信息，这就在很大程度上提高了信息服务的工作质量和工作效率。

三、企业构建管理会计信息系统的主要思路

（一）企业构建管理决策主体时应当以责任中心为单位

企业在进行管理会计信息系统构建的过程中，管理决策的主体就可以设置为企业内部工作和运行过程中的责任中心。也就是说，企业构建管理会计信息系统应该将企业中工作的责任中心看作进行信息服务的主要服务对象，同时又要将其看作信息方面工作的单位。因此，企业构建管理会计信息系统时应该将责任中心作为重点部分。为了尽可能在管理会计信息系统中实现本节中所描述的信息系统目标，也就是说为了尽快实现信息服务的全民性，就必须使信息的主体和客体朝着标签化的方向发展，这样才有可能实现对企业中不同部门日常工作的信息化追踪，同时还能实现实时的监督和检测。为了将企业中责任管理会计的工作体系进行梳理和澄清，企业首先要做的就是实现管理会计信息系统中信息主体的标签化发展，然后再将其投射到管理会计信息的系统中。需要注意的是，在进行这项工作的过程中，企业内部正常工作的组织和部门应该在系统中将每一个工作人员所负责的管理单元进行投射。

（二）将管理会计信息系统的管理职能作为依据来分析主要作用

管理会计信息系统所包含的管理职能就是对企业中管理会计的相关工作环节和流程以及管理活动来进行信息化的跟踪和监督，这样就能够对企业的管理活动进行信息化的模拟，但是前提是管理活动必须要实现信息的标签化。企业的管理会计信息系统可以依据管理职能特征和特点，被划分七个部分的环节和流程。这七个环节可以在企业的管理会计信息系统中构成一个循环，一项管理会计的工作在完成了循环之后，才可以被认为已经完成。

（三）通过信息共享中心对管理会计的重要信息进行整理和共享

一般情况下，企业所构建的管理会计信息系统中进行数据和信息处理的数据处理中心都是信息共享中心。其中，对相关的信息进行聚集并将信息进行共享，这样才能构成共享中心运行和工作的基本客观条件。在利用信息共享中心的过程中，要充分利用信息化手段来尽快打通用于信息交互的信息渠道，这样

才能更好地实现企业中不同部门之间的管理会计信息的沟通和交流，进而这些部门利用管理会计信息系统进行工作的质量和效率就能够得到有效的提高。

四、企业管理会计信息系统构建案例分析

（一）公司概况和组织结构

某公司是主要从事汽保设备生产与研发的企业，主要产品有轮胎拆装机和车轮平衡机两大系列的产品，产品销往全国各地，并出口到美国、澳大利亚、德国和南非等国家。如今，该公司的发展规模不断扩大，为了更好地提升自身的市场竞争力，急需构建一套系统、完善的企业管理会计信息系统，从而为管理决策提供参考与借鉴。

在企业管理会计信息系统构建过程中，公司组织结构所发挥的作用是不可替代的，不同的组织结构形式将会对企业管理会计信息系统的结构和功能产生一定的影响。通过对企业的组织结构进行研究，可以更好地了解和掌握在企业发展中财务部门的地位，及财务部门与其他部门之间的数据交换和业务关系，进一步明确财务部门与企业内部间的数据流程和业务流程。

（二）会计信息系统功能结构

分析发现某公司会计信息系统功能结构主要包括总账系统、固定资产管理系统、工资管理系统、采购与应付系统、销售与应收系统、资金管理系统、报表编制系统、预算管理系统、决策支持系统、成本管理系统。

（三）公司信息需求分析

在经济社会发展过程中，市场竞争和企业竞争越发激烈，管理者的每一项决策都对企业会计信息有着较大的依靠。在对某公司进行调查与研究发现，要想更好地推动该公司的发展，就需要通过构建企业管理会计信息系统，来为企业发展获得全面信息，以更好满足下述信息需求：①企业管理会计信息系统可以提供供销商的相关信息，从而为管理者的采购决策提供参考和借鉴，同时还需要收集和整理竞争对手的产品、营销策略、价格等信息，并制订针对性的产品营销策略；②企业管理会计信息系统可以提供客户对产品的反馈信息及客户订单的信息，从而为生产计划、产品性能改进计划、营销计划等提供参考；③企业管理会计信息系统能够提供用于长期和短期投资决策的数据，并开展营运能力分析、经济价值分析、获利能力分析、现金流量分析等；④企业管理会计信息系统可以为企业提供业务事件完整信息，不是简单的以借贷分录形式来展

示的会计信息；⑤在业务发生时，企业管理会计信息系统可以对业务事项信息给予实时采集。

（四）会计信息系统层次结构的构建

通常情况下，企业管理会计信息系统的功能主要包括会计核算、定期向用户提供会计报表、决策的相关信息、提供支持管理等。会计决策支持系统可以对大量数据进行分析后为管理者提供所需信息。如今随着某公司的不断发展，数据采集和处理难度不断增大，需要数据仓库技术和数据挖掘技术来确保决策支持系统的正常运行，为企业的发展奠定良好的基础。

在企业管理中构建会计信息系统的过程中目标设计环节分别有：通过会计信息系统的构建实现其对全民的信息化服务；通过会计信息系统的构建实现全网信息的交互。企业构建管理会计信息系统要遵循的原则分别有以下几个方面：遵循战略导向原则；遵循企业中全员管理支持的原则；遵循管理会计信息共享的原则等。

企业构建管理会计信息系统的主要思路分别有：企业构建管理决策的主体时应当以责任中心为单位；将管理会计信息系统的管理职能作为依据来分析企业中管理会计信息系统的主要作用；通过管理会计信息系统中的信息共享中心对管理会计的重要信息进行整理和共享等。

第五节　建立管理会计信息系统融合于企业业务运作模式

信息化和云计算的发展给企业业务运作带来了动力，构建管理会计信息系统是企业实现信息化的关键所在。本节首先分析管理会计信息系统融合于企业业务运作的必然性，进而提出了如何在企业业务运作中构建完善的管理会计信息系统，期望为我国管理会计信息系统融合于企业业务运作起到一定的借鉴意义。

随着我国"一带一路"步伐的不断推进，信息化带动经济全球化，我国企业与世界企业的交流合作越发密切，企业面临的竞争更加严峻。这要求企业从传统的经营管理模式，转向信息化的管理模式。构建管理会计信息系统融合于企业业务运作模式，如企业新产品的研发、企业产品的生产制造、企业产品的销售流通等相关的业务，使得管理会计信息系统贯穿于企业业务运作的整个过程中，进而保障企业在激烈的市场竞争中取得领先优势。因此，在企业业务运作中建立管理会计信息系统对企业提升经济效益至关重要。

一、企业业务运作的概念与主要内容

企业业务可以分成前（针对企业需求进行业务计划）、中（执行业务计划）、后（对业务活动的考核）三期业务。企业业务运作是指针对企业生产活动、销售情况等进行管理，以此来满足顾客的需求，带动企业的发展。企业业务运作的主要内容有：企业生产与制造业务（企业主打业务）；企业仓储业务（企业主要管理活动）；企业销售业务（企业经济来源的基础）；物流管理业务（关系企业发展的主要业务）。

二、管理会计信息系统与企业业务运作融合的必然性

传统会计因其观念陈旧、方法落后，已经不适应现代信息化发展的要求，不能为信息时代企业业务运作以及企业精准决策提供依据。企业为了提升管理效率，在激烈的市场竞争取胜，也是企业业务长远战略发展的定位需求。构建管理会计信息系统有助于企业管理者将其服务内容向外部扩展。同时，企业财务会计与管理会计进行深度融合，是企业业务运作实现信息化处理的前提与基础。将企业业务运作融合于管理会计信息系统，有助于企业快速发展生产制造、存储、销售等业务，是企业适应多元化市场发展的必然要求。

三、管理会计信息系统的主要特征

（一）管理会计信息系统要素组成内容的全面性

管理会计信息系统的要素组成内容中是把企业视为一个整体，以系统论为导向、控制论为核心、信息论为基础，将这三种理论融合于企业每个子系统中，使得企业外部环境与内部有效联系，实现企业全方位管理。同时，管理会计信息系统要素组成的内容要融入现代科学管理设备与现代的技术，并对企业业务的运作进行有效分析、比较，使得企业决策者在事前、事中、事后能对企业业务有个科学的预测、分析、评价，并得出相应的结论，指导企业生产实践。

（二）管理会计信息系统财务信息与业务信息的融合

货币计量的方式较为单一，容易造成在处理传统的会计信息时，难以计量具体数额。尤其是在业务实施的过程中，容易频发此类问题。业务活动并不是传统会计信息的全体，因此，在实际操作过程中，完整的财务报表很难将这些情况一一编制进去，更不用说高效处理。所以，传统财务报表无法作为企业管理者的参考依据。而与传统会计信息系统的处理结果不同，现代会计信息系统

可以保障业务信息和财务信息的融合，尤其是在数据处理方面，具有高效快捷的特点。

（三）管理会计信息系统能够满足不同信息同时输入输出

传统会计系统不具备同时处理多种信息的能力，可操作性低。管理会计信息系统的构建是企业实现信息化的重要体现。管理会计信息系统能很好地解决这个问题，面对多种不同信息输入输出，能对多种信息同时分析、高效处理，增强企业部门之间的联系。这有效保障了企业信息价值，提升企业业务运作能力，增强企业的竞争力。

四、管理会计信息系统融合于企业业务运作模式的构建

（一）以企业业务信息输入输出融合，构建企业会计信息系统

企业的信息数据包括企业业务运作、企业交易记录、企业管理会计活动、企业内部数据报告、企业外部数据报告、企业业绩评价等。这些企业信息输入输出的有效融合，需要依托管理会计信息系统，保证企业信息输入输出正常有序，实现企业业务运作高效。管理会计信息系统能在同一时间段，保证企业业务运作各种信息同时进行分析、处理，实现企业输入输出信息有效融合，而不是简单地将信息汇集在一起，这样提升了企业信息化水平。

（二）控制企业业务运作过程中信息的融合

对企业财务分析、企业投资决策、企业财务报表信息是否准确等，这些企业业务运作过程中信息能否有效融合，直接关系着企业信息化的构建。因此控制企业业务运作过程中信息的融合，有效实现战略管理会计、企业的全面预算综合管理、经济增加值等贯穿企业业务全流程，能保障企业科学制定各种目标、准确分析执行，增加企业的经济价值，保障了企业综合发展战略的实施和落实。

（三）企业财务报表输出成果表达的融合

企业业务运作的情况，是通过企业报表的形式反映出来的，依托企业财务报表可以了解企业业务运作的各个环节。随着信息化的发展，企业中各种信息逐渐被披露出来，这使得企业对财务报表的要求变得更加严格，财务报表的编制也更加严谨。这样财务报表输出的成果，才能客观反映出企业各种信息融合后的结果。企业依托财务报表输出成果表达的融合，促进了企业信息化的发展，促使管理会计信息系统优化升级。

五、管理会计信息系统与企业业务运作融合策略

（一）优化企业管理与财务组织结构

优化企业管理要依托优化组织结构来实现，管理会计信息系统融合于企业业务运作需要构建科学的组织结构。企业要改变传统的组织结构，构建现代化扁平的组织结构，实现企业信息流之间快速传递和分享。扁平化企业管理能有效实现企业会计部、成本管理部、科研部、人力资源部、企业运营部等组织部门之间快速的信息流动，保障企业信息通畅。因此，扁平化管理是优化企业管理的有力抓手。这种扁平化组织结构能有效促进企业信息化的发展，降低企业经营成本，提升企业信息管理的效率，扩大企业管理组织的广度。同时，管理会计信息系统融合于企业业务运作，离不开一个独立的企业财会组织结构。优化财务组织结构，确保财务组织在企业管理中的相对独立性与权威性。财务组织中各个成员分工合理，如企业的财务管理处处长，负责企业整个管理会计信息系统的业务规划；财务管理处副处长，负责会计管理目标设计，以及财务分析的监督与财务管理因素的收集；财务专员，负责企业会计信息与企业业务融合的操作与融合偏差分析。通过优化企业管理与财务组织结构，构建企业管理信息化。

（二）以管理会计为中心构建企业信息系统

企业信息化的构建应立足于企业的总体规划，逐步开展、层层递进。企业信息化的构建离不开大量的数据信息，特别是大量的会计类数据信息，这对于企业做出重大决策，执行重大决定提供着重要的参考依据。因此企业信息化应以管理会计为中心，把握企业会计信息的整体性。同时兼顾企业其他部门信息，不能只从单方面思考提取，要注重细节化管理，这样获得的会计信息更加具有科学性与合理性。构建企业信息系统不仅要从企业的角度着眼，以管理会计为中心，还要从软件开发者的角度进行研究。以企业会计信息子系统为核心，协调设备管理子系统、人力资源管理子系统、生产销售管理子系统、库存管理子系统、质量管理子系统相互融合，促进企业信息系统科学化、持续化发展。

（三）重视管理会计信息化人才培养

人才是第一生产力，企业信息化的构建，离不开管理会计信息化的人才。因此企业需要加大资金的投入，引进大量管理会计信息化人才，不断提升企业会计人员专业素养。同时，也可以加大对企业财务人员的培训力度，从培训需求、培训环境、需求评估结果上严格把关，增加培训频率，提升财务人员的培

训质量。通过对企业财务人员的培训，强化企业财务人员财务专业知识，提高其计算机技术能力（如金蝶、用友软件、速达财务、管家婆、金算盘、博科、辛巴财贸通等财会专业软件的使用），提升企业财会人员信息化处理水平。

（四）以财务职能为抓手，构建管理会计信息系统

财务职能（如企业筹资、企业用资、企业耗资、物料分配等）涵盖了企业的多方面信息。这些信息不仅能有效帮助企业决策者进行决策，还能为管理会计信息系统的构建提供丰富的数据源。管理会计信息系统的构建，对于企业信息准确性与多样性，都有严格的要求。信息来源是否真实，数据是否准确，这直接影响着管理会计信息系统输出数据的准确性。这些财务职能部门处理的信息已经是经过企业多重筛选，确保数据的真实准确，并且覆盖面广的信息。以财务职能为抓手，就可以直接使用这些有效的数据，构建管理会计信息系统，提升企业信息系统的高效性。

综上所述，随着网络信息时代的发展，加上外部环境的复杂化，企业之间的竞争变得更加激烈，传统的管理会计模式已经很难适应时代的发展需求，管理会计信息系统与企业业务运作融合，是企业信息化未来发展的趋势。企业依托管理会计信息化系统与企业各种业务运作的深度融合，能有效改变传统的企业业务运作模式，提升企业的生产效率，实现企业战略管理。同时，促使管理会计信息系统融合于企业业务运作，构建企业业务运作数据仓库，并贯穿于企业的整个业务活动与生产流程中，能使得企业的业绩得到优化，最终实现企业效益的最优化。

第六节　云计算环境下管理会计信息系统框架体系建设

基于世界经济整体水平和现代互联网信息技术飞速发展的社会现实，本节从云计算和管理会计信息系统的基本概念出发，对管理会计信息系统的优越性进行了分析与总结，并对企业在云计算环境下的管理会计信息系统框架体系建设提出了有针对性的建议，旨在通过推动企业的管理会计信息系统框架体系建设，更好地适应云计算环境的最新要求与标准，最终获得持续、稳定的发展机会。

一、云计算的基本概念

云计算，是随着世界经济整体水平和互联网信息技术飞速发展而诞生的一种现代化信息分析与处理模式，是数据信息分布式处理、并行式处理与网格化计算的集成与商业化体现。以现代互联网信息技术为基础，利用电子智能化平

台和人工智能技术等先进科学技术将总量庞大、内容复杂的各类信息数据的分析与计算程序自动分解细化为子程序，再由多主体所组成的网络系统将处理结果回传至用户的全过程。

二、管理会计信息系统的基本概念与优越性

（一）管理会计信息系统的基本概念

管理会计信息系统就是基于现代互联网技术开展的、通过电子智能化平台完成的对会计信息工作的计划、领导、组织、控制工作的全过程管理。就目前而言，大多数管理会计信息系统属于高层管理者培训与发展中心和管理信息系统一类，整体发展水平不高，尚处于发展初期和探索阶段。

（二）管理会计信息系统的优越性

1. 开放式的组织架构

随着现代化互联网信息技术的逐渐发展，人类社会已经正式进入了"互联网+"的时代，信息的重要意义日益凸显，对组织架构开放性的要求日益加强。因此，基于信息技术发展而建立与完善的管理会计信息系统，拥有着开放式的组织架构，与时代和经济市场的发展趋势不谋而合。

2. 有效的安全防护机制

在当前开放程度较高的互联网环境下，各企业的会计信息正面临着多种多样的安全风险。对企业会计工作的破坏主要集中于信息泄露和数据破坏上，而管理会计信息系统则有着有效的安全防护机制，能够在最大限度上规避各类风险与危机。

三、云计算环境下管理会计信息系统应具备的基本职能

（一）预测

云计算环境下管理会计信息系统的预测功能，即通过总结和分析前一阶段企业的生产与经营状态，对未来一段时间内企业的发展趋势和方向进行预测，以促进企业获得持续、稳定的发展机会。

（二）决策

云计算环境下管理会计信息系统的决策功能是通过企业对会计数据信息的分析和比对，在某几种行动或方案中选择最佳的一项，从而实现对企业战略发

展规划的宏观掌握，并根据战略发展目标的主题进行整合和预处理，最终实现战略决策科学性、有效性的极大提升，最终促进企业的长期发展。

（三）控制

云计算环境下管理会计信息系统的控制功能即对企业的生产与运营全过程进行跟踪控制，及时了解和掌握最新的计划变动情况，并对出现的问题和不足进行分析与评价，并制订有针对性的问题解决策略，以促进企业生产与运营的有效提高。

（四）评价

云计算环境下管理会计信息系统的评价功能即企业对内部各组成部门及其工作人员的工作效率、业绩进行综合评价与考核，并以此为根据对生产与运营活动的各个部分进行及时调整与控制。

四、管理会计信息系统框架体系在云计算环境下的建设策略

（一）明确云计算环境下管理会计信息系统框架体系建设的根本目标

目标是激励组织行动和为组织指引未来奋斗与前进方向的最重要因素之一。因此，企业在大力加强管理会计信息系统框架体系建设时，要立足于云计算环境的最基本特点，将通过加强系统框架体系建设所希望取得的效果和达成的目标作为一切工作的先导和基础，在推进管理会计信息系统框架体系建设的过程中明确工作的前进方向与侧重点，减少工作失误的同时，提高企业整体的工作效率和工作质量。

确定云计算环境下管理会计信息系统框架体系建设的根本目标，企业可以按照以下三个步骤进行：第一步，从现阶段企业开展管理会计信息系统框架体系建设的实际情况出发，实事求是，在战略发展规划的指导下开展内部清查与总结工作，及时发现问题和不足，并有针对性地制订改正和弥补策略，确定初步工作目标；第二步，企业要对各类自有资源进行宏观掌握与分析，从管理会计信息系统框架体系建设不同阶段的不同要求出发，实现各类资源的优化和有机配置，以从根本上减少资源浪费，提高各种资源的使用效率；第三步，企业要建立健全管理会计信息系统框架体系建设目标实时更新机制，着眼于不断变化发展的经济社会现实，及时对建设工作的方向与目标进行调整，保持与时俱进和发展的先进性。

（二）明确发展方向，根据实际情况选择框架体系的具体构建模式

企业在推进管理会计信息系统框架体系建设的过程中，要从自身发展的实际情况出发，明确发展方向，选择科学有效的，符合时代与企业未来发展要求的框架体系构建模式。模式的选择需要考虑以下几个问题。

①作为一种现代化企业管理模式与信息数据分析、处理方法，管理会计信息系统框架体系在企业的建立健全，势必会给企业组织管理结构和工作人员的综合素质提出更高、更为严格的要求。因此，在选择框架体系构建模式的时候，要充分考虑到该模式对内部组织结构与工作人员的影响，以影响最小、转型最快和兼容性强为优。

②当前企业管理会计的信息化程度，对企业以何种模式推进管理会计信息系统框架体系建设有重要的影响作用，因此要着重衡量和提高管理会计的信息化程度。

③云计算环境中，各云服务商及相关企业的个性化需求，也是企业选择管理会计信息系统框架体系建设具体模式的重要参考因素。

（三）营造良好的管理会计信息系统框架体系建设的支持氛围

在云计算环境下，企业管理会计信息系统框架体系的建设面临着更多、更为严格的标准与要求。因此，为了减少系统框架体系建设的难度与阻力，充分发挥其应有功能和作用，必须在企业内部营造良好的管理会计信息系统框架体系建设的支持氛围。基于此，企业在开展系统框架体系建设工作之前，要从企业长期战略发展的角度加强重视，着力营造良好的内部氛围与环境。首先，企业要从现阶段的自身发展特点出发，建立健全云计算环境下管理会计信息系统框架体系建设的相关规章制度，完善内部各职能部门的组织管理结构，并通过在企业内部设置不同级别、不同层次、不同功能的管理团队，实现各个工作层级和团队之间的相互监督、相互制约，以从根本上减少工作失误和消极怠工现象，提高整体工作效率和工作质量；其次，企业要顺应时代的最新发展趋势，积极通过开展知识讲堂、专家讲座、专项学习研讨会等多种方式，加强内部各部门及其工作人员对云计算相关知识的理解和掌握程度，积极引导其树立对在云计算环境下建设管理会计信息系统框架体系重要意义的认识；最后，积极学习和引入世界上最新、最先进的科学技术和电子智能化工作平台，提高云计算能力和安全性，以在最大限度上规避复杂多变的经济市场中的各类风险与危机，使企业获得持续、稳定的发展机会和发展环境，在日益激烈的市场竞争中立于不败之地。

（四）管理会计信息系统框架体系在云计算环境下合理部署

企业在云计算环境下开展管理会计信息系统框架体系建设时，首先要明确体系各组成功能模块的功能，其次要对其进行合理部署，并在全过程中注意将以事前编制预算为重心的事前预测、以差异分析为重心的事中控制、以业绩评价为重心的事后管理与评价的管理会计思想贯穿始终。一般来说，企业在进行管理会计信息系统框架体系建设的过程中，需要重点明确成本核算子模块与全面预算管理子模块两个关键部分的功能和部署策略。

1. 成本核算子模块

一般来说，企业在进行成本核算时，可以直接采用通用的商品化模式，但由于实际情况的不同和企业所处行业的特殊性，通用型的成本核算系统很难满足实际工作开展的需求。因此，企业需要从开展工作的实际情况出发，切实构建起科学有效的成本核算子模块。不仅如此，成本核算子模块的构建还要考虑其经济性和兼容性，把问题和困难想在前面，做好相关配套设施建设，以从根本上提高成本核算子模块建设的效率和质量，最终推动企业的整体发展。

2. 全面预算管理子模块

一般来说，企业的全面预算管理子模块由预算计划编制、预算计划执行、预算管理与控制和预算工作评价与总结四个环节构成。其中，预算计划编制是全面预算管理子模块的基础和先导性工作，是根据企业战略发展目标和自有资源情况制订的资金使用预测计划；预算计划执行是预算编制计划具体实施的过程；预算管理与控制包括预算计划调整、反馈控制、预算计划执行分析；预算工作评价与总结是发现问题与不足并及时改正与弥补的过程，是对整个企业预算管理工作的延伸和升华。

（五）建立健全管理会计信息系统框架体系建设定期总结与评价制度

立足实际发展情况，从客观角度出发的自我完善与自我发展，是企业焕发活力、保持发展能力，获得持续、稳定发展机会的最重要途径之一。只有不断总结和发现过去一段时间内工作中存在的缺陷与漏洞，才能及时完善企业的组织管理结构，调整未来发展方向，全面增强工作能力和整体效率。因此，企业在云计算环境下开展管理会计信息系统框架体系建设的过程中，要建立健全系统框架体系建设定期总结与评价制度，从体系建设工作所取得的阶段性成果出发，进行全方位、多角度的工作总结与评价，并开展内部各部门及其工作人员的持续性监督与绩效考核评价工作，奖励先进、激励落后，从而在充分调动员工积极性的同时，推动管理会计信息系统框架体系的建设，以更好地适应云计算环境提出的最新要求和标准，在日益激烈的经济市场竞争中抢占属于企业自己的一席之地。

参考文献

[1] 史习民. 管理会计 [M]. 杭州：浙江人民出版社，2009.

[2] 韩文连. 管理会计学 [M]. 北京：首都经济贸易大学出版社，2018.

[3] 张孝林. 正合管理会计学 [M]. 北京：中国经济出版社，2018.

[4] 胡向丽. 管理会计实训 [M]. 上海：上海财经大学出版社，2017.

[5] 单昭祥，韩冰. 新编管理会计学 [M]. 大连：东北财经大学出版社，2017.

[6] 孔德兰，许辉，黄道利. 管理会计实务 [M]. 大连：东北财经大学出版社，2017.

[7] 孙茂竹，王艳茹，李朝晖. 成本管理会计 [M]. 大连：东北财经大学出版社，2017.

[8] 徐伟丽. 管理会计学习指导书 [M]. 上海：立信会计出版社，2019.

[9] 乔春华. 高校管理会计研究 [M]. 南京：东南大学出版社，2015.

[10] 郭晓梅. 高级管理会计理论与实务 [M]. 2 版. 大连：东北财经大学出版社，2016.

[11] 刘德道，郭利运，刘昌源. 管理会计学学习指导与技能训练 [M]. 北京：中国经济出版社，2017.

[12] 刘爱东. 现代管理会计学 [M]. 长沙：中南大学出版社，2011.

[13] 王兴德. 现代财务分析方法：管理会计篇 [M]. 上海：上海财经大学出版社，2016.

[14] 周清明，兰桂华. 现代管理会计论纲 [M]. 长沙：湖南大学出版社，2009.